常識の1ミリ先を考える。

Shift 1mm away from the status quo.

あなたの着眼点を変える15講

長倉顕太

横浜タイガ出版

まえがき　盗んでズラす

この本を手に取っていただき、ありがとうございます。

この本は僕にとっては6冊目の本だが、**正直、あまり書きたくなかった内容**だ。なぜなら、本業の手の内を明かすことになるからだ。

僕は編集者時代にベストセラー企画を連発し、今までに**累計1100万部以上**の本を生み出してきた。

僕が出版社から独立したのは今から約8年前のことだが、独立後は本だけでなく、あらゆるコンテンツからお金を生み出す方法を、多くの人や会社に**年間数百万円**を支払ってもらって教えてきた。

今は主流のメディアがテレビや新聞からSNSに移っていき、**「いかに共感を得るか」がヒットのカギをにぎる時代**だ。そんな中で、多くの人にヒットの秘訣を聞かれるようになり、筆を取ることにした。

本を出したい人だけでなく、**「ヒットを出したい」「情報発信でバズらせたい」**などといった**「企画する」「書く」「発信する」**ことに関わっている人たちに役立つように書いたつもりだ。だから**「商品やイベントの企画でヒットを作りたい」「ベストセラーを出したい」「情報発信で影響力をつけたい」「ユーチューブで稼ぎたい」**など、どんな動機でも通用する内容になっている。

この本では、あなたがヒットを生み出すための**「最短最速」**の道を、15の講義で簡潔に示したい。理解を深められるよう、各講義の最後に**「コラム」**として補足情報も付け加えた。

どうすれば、自分の企画でヒットを生み出すことができるのか？

最も簡単な方法は**「盗んでズラすこと」**だ。「盗んでズラす」と言っても、僕の感覚では、大きくズラす必要はない。

のちほど説明するが、**1ミリズラせば、それで十分**だ。

ちなみに、僕が企画・編集したベストセラーの一例を挙げると、石井裕之さんの**『なぜ、占い師は信用されるのか？』『「心のブレーキ」の外し方』**、苫米地英人さんの

『残り97％の脳の使い方』『**英語は逆から学べ！**』、井上裕之さんの『**自分で奇跡を起こす方法**』『**30代でやるべきこと、やってはいけないこと**』、小堺桂悦郎さんの『**なぜ、社長のベンツは4ドアなのか？**』、嶋津良智さんの『**怒らない技術**』などがある。

これらは全てフォレスト出版で編集者をしていた時に、僕が企画・編集をしたもので、いずれの本も軽く**10万部**を超えている。

たとえば、あなたが作家としてベストセラーを出したいのならば、一番の近道は、**ベストセラーを出せる編集者**と組むことだ。

だが、残念ながら、コンスタントにベストセラーを出せる、実力のある編集者は数少ない。

であれば、優秀な編集者との偶然の出会いを待つよりも、あなたが自分自身で**「ヒットする企画」**を作れるようになれば、それが一番の近道ということになる。

累計1100万部と言っても、あまりイメージが湧かないかもしれないが、売上金額にしたら**160億円**くらいになる。出版社を辞めてからも、僕はコンテンツだけで

約１００億円を売り上げている。

独立後、僕は約8年間にわたり、ハワイやサンフランシスコに暮らしながら、気ままに生きてきた。

「個人も企業もメディアを持つ時代」と言われるが、どう企画し、どう発信していくかは、情報社会で生きていく上で最も重要なテーマになりつつある。

この本に書いてあることを実践すれば、あなたも**「時間的な自由」「経済的な自由」**を手に入れることが可能になるはずだ。

今後、あなたが独立するにせよ、ビジネスパーソンとして会社で生き続けるにせよ、**「自分でヒットを作る力」**は、今後のあなたの人生において**「最強の武器」**になる。

その武器を手に入れる方法を、この本であなたに伝授したい。

常識の1ミリ先を考える。◉目次

【講義に入る前に】 なぜ、1ミリなのか？

具体的な講義に入る前に、まずは地ならしをしておこう。

11ページをご覧いただきたい。これは2006年当時、僕が実際に会社に提出した企画書だ（当時のままの企画書なので、誤字・脱字もあえてそのまま掲載する）。

この企画書のタイトルにある『**なぜ、社長のベンツは4ドアなのか？**』は、**シリーズ累計で70万部以上のベストセラーシリーズ**になった。

さて、ここで少し考えてみてほしい。

なぜ、この本はベストセラーになったのだろうか？

この企画書のいったいどこに、この本がヒットした理由が隠されているのだろうか？

この点については、のちほど第5講で解説するが、12ページに必ず「**自分なりの答え**」を書き込んでから、本書を読み進めてほしい。

フォレスト経理・税金シリーズ

「なぜ、社長のベンツは4ドアなのか？」

〜身近な疑問からはじめる中小企業の会計学〜

決算書、資金繰りのトリックを全部公開！

利益が出なくたって金がまわればいい！

著者　小堺桂悦郎著

<企画意図>

『バンザイ』シリーズの読者の中で、多くの会計の知識がない人は「読み物としては面白いが、会計は難しい」という意見が多かった。そこで、今回、あらためて会計の本を企画。『さおだけ屋〜』の中小企業バージョン。

<なんのための本か？>

「本で学ぶ会計と中小企業の会計の違い」をうたって売るが、中身は小堺さんが得意の資金繰り、借金関係のエピソードでいく。「解説」のコーナーを設けるなどして、会計がわかる内容にする。

<読者対象>

中小企業経営者およびスタッフ、中小企業相手にビジネスをしてる人

<構成案>

第一章　なぜ、社長のベンツは4ドアなのか？（減価償却、節税）
第二章　なぜ、年商2億、借金10億の旅館は、潰れないのか？（借金、リスケ）
第三章　なぜ、中小企業は赤字ばかりなのか？（中小企業の決算の実態）
第四章　なぜ、イケイケの会社が潰れてしまうのか？（資金繰り、季節変動）
第五章　なぜ、あのボロ会社は、税金払ってまで黒字なのか？（粉飾、借り入れの実態）
第六章　なぜ、ラブホテルのオーナーは、税金を払わなくていいのか？（脱税？節税？）
第七章　なぜ、社長は生命保険が好きなのか？（節税？）

■ヒットの理由はどこにある？

いったいどうすれば、ベストセラーを生み出すことができるのか？

実は、これは僕自身が死ぬほど悩んだ問題だった。

寝ても覚めても、そればかりを考えていた。

意外に思われるかもしれないが、僕自身、編集者になってからの2年間は、全く売れなかった。

自分で企画した本の増刷は、ほぼゼロ。

ビギナーズラック、つまり「素人のまぐれ当たり」が出版の世界にもあるのだが、僕にはビギナーズラックさえなかった。

だからこそ、「なぜ俺だけが売れないんだろう……」と悔しい思いをしながら、どうすればベストセラーを出せるのか、死ぬ気で考え抜いた。

そして、編集者になって3年目。

岡本吏郎さんの『**会社にお金が残らない本当の理由**』(フォレスト出版刊)が10万部を突破し、ようやくベストセラーを作ることができた。

初めて10万部突破が決まった時、あまりに嬉《うれ》しくて、会社のトイレに駆け込んでカギをかけ、誰にも見られないようにして、僕はひとり泣いた。


僕は著者として、これが6冊目の本になるが、デビュー作『超一流の二流をめざせ!』(サンマーク出版刊)から一貫して主張していることがある。

それは、この世の中は、**わずか1%の天才**と**99%の凡人**で出来ているということ。

そして、**凡人は決して一流にはなれない**ということだ。

たとえば、イチローは生まれながらにしてイチローであって、我々はいくら努力をしたところで、決してイチローのような一流にはなれない。厳しい言い方だが、それがこの世界の残酷な現実だ。

なぜ、そんなことを言うのかというと、それは僕自身が紛れもない凡人だからだ。たまに「長倉さんは天才編集者ですね」などと言われることもあるのだが、決してそんなことはない。もし僕が天才なら、天才的なセンスで、1年目からベストセラーをバンバン飛ばしていたことだろう。

でも残念ながら、僕にはそのセンスがなかった。センスがなかったからこそ、どうすれば勝てるのか、その戦略を必死に考え抜いたのだ。


その試行錯誤の中で、1つ分かったことがある。それは**たとえ凡人であっても、戦略次第で、天才をしのぐような結果を出せる**ということだ。

ウサギとカメの寓話《ぐうわ》にあるように、たとえ鈍くさいカメであっても、戦略次第ではウサギを打ち負かすこともできる。

だからこそ、人生は面白いのだと思う。


凡人が天才に勝つためには、いったいどうしたらいいのか？

一番重要なのは、**どこにポジションをとるか**だ。
僕より優秀な人間は、世の中に腐るほどいる。
そうした人たちと同じポジションで争えば、僕は絶対に勝てない。
だからこそ、僕はどのポジションが空いているのかを常に考えて戦ってきた。

実はこの考え方は、**本の企画を考える際にも応用**できる。
どのようにすれば、ベストセラーを出せるのか？
一番重要なのは、どこにポジションをとるかだ。
では、あなたはいったいどこにポジションを取ればいいのだろうか？

普段から、僕が心がけていることが1つある。それは、**「世間の常識」をいったん疑ってみる**ことだ。
たとえば、我々は**「自由には責任がともなう」**と教えられ、世間でも、そう信じら

れている。でも、はたして本当にそうなのだろうか？

そこで、「自由」という言葉を、実際に辞書で引いて調べてみる。少し古い辞書だが、三省堂国語辞典（第４版）には、次のように書かれている。

①思い（心）のまま。
②制限を受けないこと（行為）。じゃまされないこと（活動）。
③資本主義の世界、または全体主義の世界の制約からはなれていること。
④（スケートで）フリー。

どうだろうか？

自由という言葉の説明の中に、責任についての言及は何ひとつない。

つまり、自由は単なる自由であって、責任とは何の関係もないのだ。

そう気づくことで、「ひょっとしたら、我々に自由に行動されると困る誰かが、自由には責任がともなうというウソの言説を広めているのではないか」という**「新たな**

着眼点」が生まれる。

企画の面白さは、どこから生まれるのか？

それは一言で言うと、著者や編集者の**「着眼点の面白さ」**から生まれる。

世間の人たちが「なるほど、そんな見方があったのか」とか、「そんな考え方もあるのか」と気づく。その斬新《ざんしん》な面白さが、人々の共感を生み、ベストセラーにつながっていくのだ。


ここで1つポイントがある。

それは、**着眼点をズラしすぎてはいけない**ということだ。なぜ、ズラしすぎてはいけないのか？

それは、着眼点をズラしすぎると、**人々の理解の範疇《はんちゅう》を超えてしまう**からだ。簡単に言うと、「この人は何を言っているの？」となってしまい、読者の頭に大きなクエスチョンマークが浮かんでしまう。

以下の情報は非常に重要なので、**大文字**で記しておこう。

人は理解できない物を買わない。

これは、**マーケティングにおける基本中の基本**だ。

だからこそ、ズラしすぎてはいけない。僕の感覚では**1ミリ**でいい。

その**「微妙にズラした着眼点の面白さ」**が、圧倒的なベストセラーにつながっていく。


さて、前置きはこれで終わりだ。次から具体的な講義に入る。まずは第1講の**「良い本」「悪い本」は誰が決めるのか**という話から始めよう。

1

ヒットは他人が99%決めている！

この本の冒頭で、まずはっきりさせておきたいことがある。

それは編集者時代、僕は**自分が読みたいと思う本を企画したことは、一度もない**ということだ。

ただの一度もない。

自分が読みたいかどうかなど、僕はどうでもいいと考えていた。

なぜか？

その理由は、本を買うのは僕ではなく、読者だからだ。

だからこそ、僕は徹底的に読者のニーズを追求し、そのニーズに応える本を作ってきた。自分が読みたい本、書きたい本でヒットを出せるほど世の中は甘くない。天才なら可能かもしれないが、凡人には無理だ。

本が売れなかった時、編集者や著者が**「売れなかったけれど、僕たちは良い本を作りましたよね」**などと言い訳をして、お互いに傷をなめ合っている姿を目にすることがある。

はっきり言って、**ヘドが出る光景**だ。良い本かどうかを決める権利があるのは、お金を払って本を買い、読んでくださる読者の方だけだ。何を勘違いしているのかと思う。

ある時、著者の箱田忠昭さんから次のように言われたことを、今でも鮮明に覚えている。

「長倉さん、人生で大事なことを決めるのは、全て他人なんですよ。給料は他人が決めている。結婚も相手がＯＫしないとできないでしょう？」

人間はどうしても自分への評価が甘くなってしまいがちだが、考えてもみれば、たしかに箱田さんがおっしゃるように、給料も結婚も、人生で大切なことは全て他人が決めている。

つまり、**他人がどう評価するかが全てであって、そこに自分の評価が入り込む余地はない**のだ。

当時の僕にとっては、本当に目から鱗《うろこ》が落ちるような思いがした。そのことに気づいてから、僕の仕事に対するスタンスはだいぶ変わったように思う。

だからこそ、僕は「本が売れない言い訳」を一切しなかった。

当然、部下の言い訳も許さなかった。

当時の僕はかなり尖《とが》っていたから、言い訳でもしようものなら、**「本が売れないなら自分で買え、この野郎！」**ぐらいのことは平気で言っていた。

今なら確実にパワーハラスメントで訴えられるレベルだろう。

勘違いをしてほしくないのだが、これは著者や編集者のこだわりはどうでもいい、ということではない。

著者や編集者がこだわりを持つのは大いに結構なことだし、逆に言うとそれがなければ、本は売れない。ただし、そのこだわりは、あくまでも読者あってのものであるということを忘れてはならないと思う。

こだわりを押し通すことは大事だが、一方で読者が求めてもいないこだわりを押し通すことは、単なる**「こだわりの押し売り」**にすぎない。


当たり前の話だが、売れない本は読者に読んでもらえない。

読んでもらえないということは、つまり読者の評価対象になりえないということだ。

売れない本は読んでもらえないから、読者に評価すらしてもらえない。

だから、**売れない本は、良い本にはなりえない**のだ。

商業出版にもかかわらず、売れない本を作っておいて、「良い本を作りましたね」などと勝手に自己評価をするのは勘違いも甚だしい。


出版業界において、売れない本は罪が大きい。なぜなら、出版というのは**チームプレー**だからだ。1冊の本を世の中に送り出すために、何百人、何千人という人々が仕事に携わっている。

売れない本を作ると、出版社が赤字になるのはもちろんのこと、印刷所、取次（出版業界の問屋のような会社）、書店など、各方面に迷惑をかけることになる。本を書いた著者だって悲しい。

だからこそ、僕は「意地でも売れる本を作る」と心に決めていた。

最近は、**「クラスター」**（ある属性に基づくグループ化された集団）が無数に存在している時代だ。第7講で詳しく書くが、こういう時代に、広くパイを取りにいくのは**「自殺行為」**でしかない。

のちほど説明するが、企画がヒットするかどうかは、**企画とクラスターのマッチング**でしかない。マッチすれば、まずクラスター内で話題になり、ＳＮＳを通じて広く拡散されていくようになる。


いかがだろうか？

第1講は、これでおしまいだ。

次の第2講では**「読者のニーズ」**について、少し掘り下げていく。

Column

未来から考える

僕は徹底的に結果にこだわってきた。今の時代においては、古い考え方かもしれない。もちろん、結果を出せないからといって、その人を否定するつもりはない。

企画は、ゴールから考える必要がある。ゴールが何かによって、企画が左右されるからだ。

たとえば、僕がコンサルをする時も「売上アップ」というゴールがあるから、アドバイスができる。

そして、ゴールとは、すなわち結果である。

もしゴールが何でもよければ、アドバイスなんかなくなる。やりたいようにやればいいだけだからだ。

ただし、それでは理想のゴールに到達することはできない。

ゴールから考える。結果から考える。もっと言えば、未来から考える。実は、これがこの世を生きるコツでもある。

未来から現在を決める。だから、理想の未来が手に入る。

2

データは1%もウソをつかない!

折り紙の折り方を教える本は売れる。ベストセラーを狙《ねら》える。
もしそう言われたら、あなたはどう感じるだろうか？

「折り紙の本？　本当に売れるの？」

そう思う方が、おそらく大半ではないだろうか？

結論から言うと、折り紙の本は売れる。
少し地味かもしれないが、ヒットすれば、10万部以上のベストセラーを狙えるジャンルだ。その証拠に、直近でも、**『カミキィの季節おりがみ』**（カミキィ著、日本文芸社刊）という本がベストセラーになっている。
つまり、このジャンルは、**読者のニーズがある**ということだ。

僕が所属していた出版社はビジネス書が中心で、折り紙の本は対象外だった。だから、僕自身、今までに折り紙の本を作ったことはない。しかし、もし会社が許してくれる状況だったら、僕は間違いなく、折り紙の本の企画を真剣に検討していたと思う。

なぜ、折り紙の本が売れると分かるのか？

それは、**過去の売上データ**を見れば、明らかだからだ。

たいていの編集者は、取次や大手書店などが提供している有料のデータ閲覧サービスを利用して、日々、本の売上データをチェックしている。

僕もいくつか利用していたが、主に利用していたのは、紀伊國屋書店が提供しているPUBLINE（パブライン）だ。

パブラインはデータが見やすい上に、過去の売上データだけでなく、本の売上状況をリアルタイムでチェックできるので、重宝していた。

こうした売上データを見れば、折り紙の本にはそれなりのマーケットがあるということを読み取ることができる。

企画を立てる際に、一番怖いこと。それは、**「こんな本は売れないだろう」という**

自分勝手な思い込みだ。

データは、そうした思い込みの排除に役立つ。

データはウソをつかない。

だからこそ、僕は自分の部下に対しても、「とにかくデータを徹底的に見ろ。データはウソをつかないから」と口を酸っぱくして言っていた。


過去のデータを見て分かること。

それは、**本が売れるジャンルは、ある程度、決まっている**ということだ。

僕が主戦場としていたビジネス書や実用書のジャンルに限って言うと、本が売れる主なジャンルは、**自己啓発、コミュニケーション、心理、勉強法、語学、仕事術、リーダーシップ、お金、投資、経済、経営、会計、健康、料理、そうじ、ダイエット、**

美容、**睡眠**、**占い**といったジャンルだ。

かなり大雑把なジャンル分けにはなるが、基本的にはこれらのトレンドが数週間か、数カ月か、もしくは数年周期で**「流行り」**と**「廃《すた》り」**になって、グルグルと回っているだけだ。

僕が作ったベストセラーも、ほぼ全てこのジャンルの中に収まっている。

この他で言うと、**小説**、**マンガ**、**絵本**、**児童書**、**人文書**などもベストセラーを狙えるジャンルだが、僕の会社では全て対象外だった。

経営戦略の中には「ブルーオーシャンを目指せ」というものがある。

簡単に言うと、「競争が激しい漁場よりも、釣り人が誰もいない漁場を探せ」という意味だ。

編集者や著者の中にも「競合がいないから狙い目だ」と考え、わざわざブルーオーシャンを狙って本を作る人たちがいる。

だが、少し冷静に考えてみてほしい。

釣り人が誰もいない漁場は、そもそも**魚が全くいない可能性**があるのではないだろうか？

もちろん、競合がいないのに越したことはないが、肝心の魚がいなければ、元も子もない。

僕の経験上、「書籍でベストセラーを狙う」という観点から言えば、競合は厳しくとも、魚がいることが確実な**「レッドオーシャン」**を狙う方が確実だ。


このような話をすると、中には「ライバルが強すぎると、勝てる気がしません」と言う方も出てくることだろう。

そこで威力を発揮するのが、**「着眼点をズラした差別化」**だ。

差別化さえ図ることができれば、弱者でも凡人でも、レッドオーシャンで十分戦うことができる。


差別化の技法については、のちほど説明をするが、今の段階では**「マーケット選びの大切さ」**をまず認識してほしい。漁場の選び方を間違えると、いくらがんばっても

釣果がゼロになりかねないからだ。

大事なので繰り返すが、どのマーケットを選ぶかが、まずは重要だ。

だが、この点を理解すると、今度は次のような疑問が浮かんでこないだろうか？

「マーケット選びの大切さは分かりました。でも、出版社の人間ではないので、パブラインなどのデータを閲覧することができません。自分でマーケットの有無を調べるには、いったいどうしたらいいでしょうか？」

この質問に対して答えると、今は何でもインターネットで調べることができる時代だ。

たとえば、**「年間ベストセラー」「ビジネス書」**といった形で検索をかければ、情報がたくさん出てくるはずだ。

　ベストセラーになった本が、どんなタイトルで、どのジャンルの本なのか、自分で確認してみるといいだろう。

　もしくは、出版ニュース社から**『出版年鑑』**という本が出ている。

　これは年度別に、書籍や雑誌の動向、年間ベストセラーなど、出版に関するあらゆる情報をまとめた本だ。

　分厚くて、価格が高い。

　購入してもかまわないが、大きな図書館に行けば置いてあるはずだ。

　こうした本で、過去のベストセラーを調べてみるのも1つの手だと思う。

　工夫をすれば、調べる方法はいくらでもあるはずだ。

　3000部の本も10万部の本も100万部の本も、1冊の本を作るための時間と労力はほぼ変わらない。

　であれば、**潜在的に10万部、100万部を狙えるマーケット**で勝負をした方がいい。

　逆に、マーケットとしての可能性が不明、もしくは、どうがんばっても3000部しか売れないと分かっているマーケットでの勝負は避けたい。

そのように考えて、僕自身は本を作ってきた。


もちろん、どのマーケットを狙うかは、あなたの自由だ。

だが、出版社で企画を通すためには、類書が売れているなど、ある程度の売上が見込めるジャンルを選ぶことが重要だ。


マーケットの重要性については、ご理解いただけたと思う。

過去のデータを調べれば、ベストセラーを狙えるジャンルが分かる。

だが**本当に難しいのは、実はここから**だ。

というのも、本は企画してから出版するまで、原稿執筆などの時間も考慮に入れると、**だいたい半年くらいかかる**のが普通だ。

ということは、**半年先のトレンドを正確に読まなければ、ヒットを狙えない**ということになる。

たとえば、今、「話し方」の本がブームだとしよう。

編集者がやってしまいがちなのは、「今、話し方の本が売れているから、自分も作りたい」と言って、話し方の本を企画することだ。

だが、この企画が成功するかどうかは一種の賭《か》けになる。

なぜなら、実際に本を出版する半年後にはブームが去って、別のトレンドが始まっているかもしれないからだ。こうした形で企画を立てる編集者は、得てして安定した成績を残すことができない。

では、こうした状況下で確実にヒットを出すためには、いったいどうしたらいいのだろうか？

次の第3講では、**「トレンドの読み方」**について、僕なりの考え方を述べてみたいと思う。

Column

直観もパターン

たとえば、株式投資ではチャートが重視される。チャートは、過去の株価の動きを表したものだ。そこからパターンを読み取り、未来を読む。

2020年3月あたりから、新型コロナウイルスの感染拡大で、日本中が不安に襲われた時、少し不謹慎かもしれないが、僕は「久しぶりに多くの人の関心が1つになった」と感じた。バラバラだった「クラスター」がまとまると、マーケティングがしやすくなる。

そこで、新規感染者数の推移をみたところ、僕はあるパターンがあることに気づいた。木曜日から週末にかけて、数字が増えるのである。原因を調べてみると、週明けの感染者数が木曜日に換算されることが分かった。どんな状況でも、まずは冷静にデータを分析することが大切だ。

よく「直観が正しい」と言われる。僕もそう思う。では、直観とは何か？　直観とは、無意識のパターン認識だ。だとするなら、直観を鍛える意味でも、日頃からデータを分析し、パターンを見つける練習をするべきだ。

3

ヒットはタイミングが10割

編集者時代にベストセラーを連発し、今までに累計1100万部以上の本を生み出してきたことは、この本の冒頭で述べたとおりだ。

自分で言うのも何だが、これだけの実績を残そうとするならば、コンスタントに売れる本を作り続けなければならない。

つまり、これだけの数字を残せたということは、その時々のトレンドに沿った本を、僕は作り続けてきたということだ。

周囲からすれば、**「なぜ、長倉はあんなに正確にトレンドが読めるんだ？」**と疑問に思う方もいたことだろう。

2020年初頭に、新型コロナウイルスの脅威が世界を襲った。僕が出版社に勤めていた時にも、リーマンショックや東日本大震災などの予期せぬ事態が次々に起こった。

半年先どころか、一寸先すら読めない世の中だ。

では、そうした世の中で、いったいどうすれば、コンスタントにベストセラーを作り続けることができるのだろうか？

この第3講では、その秘訣を明かしたいと思う。


どうすれば、半年先のトレンドを正確に読めるのか？

結論から言うと、**半年先のトレンドを正確に読むのは不可能**だ。どんなに優秀な編集者であっても、半年先のトレンドを正確に読むことは絶対にできない。

「何だよ、がっかりさせるなよ」と思うだろうか？

そう思うかもしれないが、ここからが肝心だ。


僕が考えたのは、「トレンドを読むことは不可能である」という事実を、まずは素直に認めてしまおうということだ。

できないことは、できない。そこに固執するのはムダだ。


ヒットの大半は、時代に合っていた結果だ。

タイミングがズレていれば、ヒットにはならない。

たとえば、2020年のベストセラーは、2019年に出ていたら売れなかった可能性が高い。

では、タイミングを捉えるためには、どうすればいいのだろうか?

僕が「良いタイミング」を捉えるために考えたのが、**トレンドを先回りすればいいのではないか**ということだ。

では、**「トレンドを先回りする」**というのは、いったいどういうことなのだろうか?

第2講で、僕が話したことを覚えているだろうか?

僕が第2講で話したのは、ベストセラーになるジャンルは、ある程度、決まっているということだ。それらのジャンルの本が数週間周期、数カ月周期、数年周期で**「流行り」**と**「廃り」**になって、トレンドとしてグルグル回っている。

それが、過去のデータ分析から分かる**「出版の世界の現実」**だ。

ということは、次のトレンドとして来るものも、ある程度、予測できるということにならないだろうか？

どういうことかと言うと、次のトレンドとして来るのは、**過去ベストセラーになったジャンルの中のどれかである可能性が限りなく高い**ということだ。

であれば、過去ベストセラーになったジャンルの中でいくつもの企画を立て、さらに原稿まで準備をしておけば、いざタイミングが来た時に、素早く出版をすることができるのではないか？

僕はそのように考えた。

この方法であれば、半年先のトレンドを正確に読むことができなくても、コンスタントに結果を残すことが可能になる。

周囲の人たちから見れば、僕は正確にトレンドを読んでいるように見えたかもしれない。

だが、僕に言わせれば、複数の企画を事前に仕込んでおき、次にどんなトレンドが来ても対応できるよう、周到に準備をしていただけだ。

これが**「トレンドの先回り」**である。言い換えれば、**「ベストセラーを生み出すための準備」**とも言えるだろう。

「何だ、そんな簡単な話かよ」と思うだろうか？

たしかに、話で聞くだけなら、簡単そうに思えるかもしれない。

しかし、たいていの編集者は、こうした準備ができない。

なぜなら、目の前の仕事、目の前の原稿に追われ、企画の立案が後手に回ってしまいがちだからだ。

会社によって異なるが、書籍の編集者は年間に8〜12冊の本を手がけるのが一般的だ。

つまり、年間で8〜12の企画を立て、同時に原稿を仕上げなければならない。たいていは、これだけで手一杯になってしまう。

トレンドを先回りするためには、**時間と労力をいかに配分するかが大事**になる。

以上は、僕が編集者時代に実践していたことだ。

トレンドをつかむためには、複数の企画を用意するのが肝心だが、では実際に、あなたはどのようにして企画を立てればいいのだろうか？

次の講義からは**「企画の立て方」**について、具体的に話を進めていこう。

Column

確実な未来

不思議に思うことがある。それは「確実に来る未来」が分かっているのにもかかわらず、多くの人は動かないということだ。

たとえば、電子書籍が主流になるのは10年前から分かっていたはずだ。だから、僕はかなり前から電子書籍に取り組んできた。

新型コロナウイルスの感染拡大によって引き起こされた変化は、5年で来るトレンドが2～3カ月で一気に来たというものだ。テレワークはかなり前から言われていたことだし、オンラインスクールをはじめとするオンラインでの学びが主流になることも以前から分かっていた。僕はかなり前からテレワークだったし、アメリカの教育に詳しかったから、オンラインでの学びについても準備をしていた。

「未来予測」と言うと難しく感じるかもしれないが、意外と「確実に来る未来」がある。

ほとんどのトレンドはアメリカから来る。ほとんどだ。だから、僕はアメリカのメディアを常にウォッチしている。そこに「確実な未来」があるからだ。

僕は2012年に独立したが、今思えば、その時の肩書は「コンテンツマーケター」だった。「これからは企業もメディアを持つ時代になる。だから、情報発信が重要だ」と説得し、十数社のコンサルタント契約を結ばせてもらった。当時はマスコミ以外の企業がメディアを持っていなかった。

それから8年以上が経ち、今や企業がメディアを持つのが当たり前になったわけだが、これも「アメリカで多くの企業が出版社出身者を雇ってメディアを作っている」という情報を仕入れていたからに他ならない。

独立のタイミングが間違っていたら、今の僕はない。それぐらい重要なタイミングだった。

当たり前だが、「独立する」という人生の一大事を決める時は、より確実なタイミングを選ぶべきだ。「確実に来る未来」が見えたタイミングで、一気に勝負をかけるのだ。

あなたも今日から、海外メディアの情報を入手してみてほしい。今やどのメディアもツイッターやフェイスブックをやっているので、フォローすればいいだけだ。

4

人は四六時中〇〇しか考えていない！

企画を立てるために、何が必要か？　おそらく、パッと思い浮かぶのは**「企画力が必要」**ということではないだろうか？

だが、少し考えてみてほしい。

世間ではよく「企画力」という言葉が使われるが、そもそも「企画力」とは、いったい何を指すのだろうか？

第4講は**「企画力とは何か」**について、まずは明確に定義をすることから始めたいと思う。

たとえば、ベストセラーになった『ビジネスマンのための「発見力」養成講座』（小宮一慶著、ディスカヴァー・トゥエンティワン刊）という本の冒頭に、次のような記述がある。

ところで、セブン－イレブンのロゴが「7-ELEVEn」と、最後がnで、小文字なのをご存じでしたか？

講演で、このことに気づいていた人は？　と尋ねると、たいていの人が気づかなかった、とおっしゃいます。セブン－イレブンのロゴなんて、ほとんどの人が始終見ているはずです。でも、気づいていないわけです。

人は何万回見ても、見えないものは見えない。
発見力も発想力も、基本は同じ。他の人には見えていないものを見る力です。
より正確に言うと、「見える力」です。

この本に書いてある小宮さんの記述に従えば、**「ヒットを生み出すための企画力」**は、次のように定義することができるだろう。

「企画力」＝「いち早く気づく力」「見える力」

さて、ここからが問題だ。
あなたは何に、いち早く気づけばいいのだろうか？
他人には見えていないものを「見える」ようにするために、いったいどこに目を付ければいいのだろうか？

この点を理解していただくためには、もう一度、**「本が売れるジャンル」**に話を戻す必要がある。

第2講と第3講で「本が売れるジャンルは決まっている」という話をしたが、ここで1つ質問だ。

そもそも、なぜ、本が売れるジャンルは決まっているのだろうか？

あなたなりの答えを以下の空欄に書き込み、ページをめくってほしい。

■なぜ、本が売れるジャンルは決まっているのか？

なぜ、本が売れるジャンルは決まっているのだろうか？

それは有史以来、**人間の欲望が全く変わっていないから**だ。


「集団の中で、権力を持ちたい」

「みんなに尊敬されたい」

「お金持ちになって、裕福な生活をしたい」

「美人（あなたが女性であればイケメン）とSEXしたい」


極論を言えば、四六時中、人間はそれしか考えていない。

そして、それらが思うように手に入らないコンプレックスを、人間は常に抱えている。

売れるジャンルの本には、これらの欲望を満たし、**コンプレックスを解消させるためのノウハウ**が書かれている。

だからこそ、**繰り返し、何度も売れる**のだ。

ここで**重要な点**が1つある。

それは、人間の欲望を満たしたり、コンプレックスを解消させたりするためのアイデアは、**世の中にほぼ出尽くしている**ということだ。

ためしに、過去にベストセラーになったコミュニケーション関連の本（たとえば「話し方」の本など）を何冊か読んでみるといい。

中身に書かれているエッセンスは、ほとんど変わらないということに気づくはずだ。

にもかかわらず、毎年のように、おびただしい数のコミュニケーション関連の新刊が出版される。

実際、その中の何冊かはベストセラーになっていく。

中身に書かれているエッセンスは、過去にベストセラーになった本とほとんど変わらないのに、だ。

これは、いったいどうしてなのだろうか？

その秘密は**「ほんの少しズラした着眼点」＝「1ミリの差別化」**にある。

僕は作家として、これが6冊目の著作になるのだが、Amazonのレビューなどに「この著者は何も目新しいことを言っていない」などと書かれることがある。

だが、あえて反論をさせてもらうと、今さら「本質的に新しい情報」など、世の中にはほとんどない。

たとえば、コミュニケーションのツール自体は「手紙」→「メール」→「LINE」と次々に変化している。

しかし、「コミュニケーションにおける本質的に大事なこと」は有史以来、何も変わっていないのが実情だ。

少し話がそれるが、僕は、**本は誰でも書ける**ものだと思っている。誰もが作家として、ベストセラーを出せる可能性を秘めている。

中には、「自分には本を書けるようなネタがない」と言う人がいるが、それは誤解だ。

人生は、人それぞれ違う。

本質的には、過去から言われているようなことしか書けなくても、そこに**「あなた自身の経験談」**を加えることで、それは立派なオリジナルになるのだ。

だからこそ、あなたにも勇気を持って、自分のスタイルでどんどん書いていただけたらと思っている。

もちろん「何を書くか」は大事だが、それ以上に重要なのは**「売れる切り口をいかに見つけるか」**なのだ。

さて、話を元に戻そう。

過去のベストセラーも現在のベストセラーも、中身に書かれているエッセンスはほとんど変わらない。出版社の立場からすれば、ビジネスとして、手を替え品を替え、「本質的には同じ本」を「違う本」に見えるように仕立てているだけだ。

つまり重要なのは、新しい情報ではなく、**過去のベストセラーにいかにアレンジを**

加えるかであって、その良し悪しで勝負が決まると言っても過言ではない。

過去のベストセラーを分析し、いかに**「1ミリの差別化」**を加えるか?

そのアレンジに、誰よりも早く気づくことができるか?

それが、ベストセラー企画を生むためのカギになる。


抽象的で分かりづらいだろうか?

安心してほしい。

次の第5講では、具体例を用いる。11ページで紹介した『なぜ、社長のベンツは4ドアなのか?』の企画書を例に取って、**「1ミリの差別化」**について、詳しく解説しよう。

Column

4つの悩み

よく人間の悩みは「人間関係」「お金」「健康」「自己実現」の4つに集約されると言われる。

だから、あなたが何かを企画をする時には、これらのどこに当てはまるのかを意識するといい。というより、無理やりこの4つにねじ込むくらいでちょうどいい。

最近、僕がアドバイスした人は「片づけのスペシャリスト」として活動していたが、お子さんのアトピーを克服した経験があったので、「アトピー専門の片づけ」というコンセプトにしたところ、うまくいくようになった。これは「健康」に当てはめた形だ。

このように、どんなことでも「4つの悩み」に当てはめて考えると、企画を考えやすくなる。

新型コロナウイルスの感染拡大後は、これらの悩みに「オンライン化」を掛け算すると、より「勝率」が上がる。

もちろん、そんな簡単にはいかないが、基本的には「4つの悩み」に何を掛けるか、を考えてみるといいだろう。

5

盗んで「1ミリ」だけズラせ!

さて、第5講では、11ページで紹介した『なぜ、社長のベンツは4ドアなのか？』（以下、『社長のベンツ』と表記）の企画書について、解説をすることにしよう。

12ページに**「あなたなりの答え」**は書き込んでいただけただろうか？

まだやっていない方は、必ず12ページに自分なりの答えを書き込んでから、この先を読み進めてほしい。


まず断っておきたいのだが、今から書くのは、あくまでも**「僕なりの分析」**であって、正解ではない。

そもそも正解はない。

極論を言うと、なぜこの本がベストセラーになったのか、真の理由は誰にも分からないからだ。

僕の解説を、プロ野球の解説のように「後付けじゃないか」と感じる方もいるかもしれない。

だが、仮に後付けの解説であったとしても、それ自体は**「考える型」**を作るためには、非常に役立つ。

たとえば、メチャクチャなフォームで素振りを繰り返しても、野球がうまくならないのと同様に、「考える型」を持たない思索をいくら繰り返したところで、あなたの企画力は向上しない。

僕の解説を参考にして、まずはあなた自身の「考える型」を固めていただければと思う。

では、始めよう。

次ページに再掲したが、この企画書で注目していただきたいのは、**「企画意図」**の部分だ。

この部分に**『さおだけ屋〜』の中小企業バージョン」**という文言があるのを確認できるだろうか?

フォレスト経理・税金シリーズ

「なぜ、社長のベンツは4ドアなのか？」

～身近な疑問からはじめる中小企業の会計学～

決算書、資金繰りのトリックを全部公開！

利益が出なくたって金がまわればいい！

著者　小堺桂悦郎著

<企画意図>

『バンザイ』シリーズの読者の中で、多くの会計の知識がない人は「読み物としては面白いが、会計は難しい」という意見が多かった。そこで、今回、あらためて会計の本を企画。『さおだけ屋～』の中小企業バージョン。

<なんのための本か？>

「本で学ぶ会計と中小企業の会計の違い」をうたって売るが、中身は小堺さんが得意の資金繰り、借金関係のエピソードでいく。「解説」のコーナーを設けるなどして、会計がわかる内容にする。

<読者対象>

中小企業経営者およびスタッフ、中小企業相手にビジネスをしてる人

<構成案>

第一章　なぜ、社長のベンツは4ドアなのか？(減価償却、節税)
第二章　なぜ、年商2億、借金10億の旅館は、潰れないのか？(借金、リスケ)
第三章　なぜ、中小企業は赤字ばかりなのか？(中小企業の決算の実態)
第四章　なぜ、イケイケの会社が潰れてしまうのか？(資金繰り、季節変動)
第五章　なぜ、あのボロ会社は、税金払ってまで黒字なのか？(粉飾、借り入れの実態)
第六章　なぜ、ラブホテルのオーナーは、税金を払わなくていいのか？(脱税？節税？)
第七章　なぜ、社長は生命保険が好きなのか？(節税？)

少し説明をすると、『さおだけ屋〜』というのは、2005年に出版されて大ベストセラーになった**『さおだけ屋はなぜ潰れないのか』**（山田真哉著、光文社刊、以下『さおだけ屋』と表記）のことだ。

この企画書に書いてあるとおり、『社長のベンツ』は『さおだけ屋』の**「中小企業バージョン」**として企画された。

そして、まさにここにこそ、『社長のベンツ』がベストセラーになった理由が隠されている。

この企画書に書いてあるとおり、僕は『社長のベンツ』をゼロから企画したわけではない。

その土台には、過去ベストセラーになった『さおだけ屋』があった。

簡単に言えば、**上手にパクった**ということだ。

ちなみに、『さおだけ屋』を企画・編集したのは、柿内芳文さんという編集者だ。

柿内さんは、数々のミリオンセラーを飛ばしている超天才編集者で、最近でも、

『嫌われる勇気』（岸見一郎、古賀史健著、ダイヤモンド社刊）や**『漫画　君たちはどう生きるか』**（原作・吉野源三郎、漫画・羽賀翔一、マガジンハウス刊）などの編集に携わっている。

実は、僕は柿内さんと面識がある。

彼と話をしていて、僕が感じたのは「編集者として、彼には一生かなわない」ということだ。

本当の天才とは、柿内さんみたいな人のことを言う。

彼に会い、僕は自分がいかに編集者として凡庸であるかを思い知らされることになった。

だからこそ、僕は**「彼から何か学べる点がないか」**と思い、彼が作った本を徹底的に研究してみようと思い立った。

実は、『さおだけ屋』がヒットするまで、「決算書」の本が地味に売れているくらいで「会計」というのは、それほど本が売れるジャンルではなかった。

『さおだけ屋』の「あとがき」に、この本が企画された経緯が記載されている。**企画の考え方として、非常に勉強になる**ので、以下に少しだけ抜粋しておこう。編集者が何を考えてこの本を企画したのかが、よく分かる文章だ。

2年ほど前のことです。光文社新書の方とこんな会話をしました。

「山田さん、一般の人が会計に親しめるような本ができませんか?」

「どういうことですか?」

「アメリカでは子供の頃からビジネス教育がなされていて、会計も一般常識として教育されていますが、日本では会計の勉強は商業高校か大学の商学部、一部のビジネスパーソンぐらいしかやりません。しかし、日本でももっと会計の知識を浸透させていく必要があるのではないかと思うのです」

「……でも会計の本はあまり売れませんよ」

「日本には会計入門書といえども専門知識がないと読めないような本ばかりです。そのむずかしい入門書と一般の人とのあいだを埋めるような本を作ってほしいのです――」

この文章から読み取れるのは、著者の山田さんは、当初、あまり乗り気ではなかったということだ。

実際に、山田さんは「会計の本はあまり売れない」と発言している。

ところが、編集者の柿内さんは違う考えを持っていた。

彼は「日本でもっと会計の知識を浸透させる必要がある」と食い下がった。結果、ベストセラーになった。

まさに、柿内さんの慧眼《けいがん》と言えるだろう。

その後、会計本のジャンルでは数多くのベストセラーが生まれた。

僕が企画した『社長のベンツ』だけでなく、**『餃子屋と高級フレンチでは、どちらが儲かるか？』**（林總著、ダイヤモンド社刊）や**『財務3表一体理解法』**（國貞克則著、朝日新聞社刊）などが、その代表例だ。

会計本のマーケットを広げたという意味で、著者の山田さん、ならびに編集者の柿内さんの功績は非常に大きい。

凡人では成し遂げられない、まさに天才の仕事術だと思う。


さて、こうした経緯で企画された『さおだけ屋』だが、僕がこの本を研究していて感じたことがある。

それは、この本が扱っているテーマは、あくまでも**「一般の会計」**であるということだ。

ご存じかもしれないが、日本の会社の99％以上は中小企業だ。

中小企業の会計というのは、一般の大企業の会計とは少し異なる。

そして当時、僕が所属していたフォレスト出版は、まさに**「中小企業の社長向け」**の本を得意としていた。

「一般的な会計の話ではなく、中小企業の現場の会計の話にすれば、うまく差別化できて、面白い本が作れそうだ。ひょっとしたら、売れる本になるかもしれない」

そのように感じた。

テーマを**「一般的な会計」ではなく、「中小企業の会計」にズラすことに、僕は勝機を見出した**のだ。結果、この企画は70万部突破のベストセラーシリーズへと成長した。

どうだろうか？

これが、僕が言う「1ミリの差別化」なのだが、これだけだと感覚をつかみにくいかもしれないので、他にもいくつか実例を挙げておこう。

2011年当時の話だ。

当時は**「年代別の自己啓発本」**がブームになっていた。

当時売れていたのは、**『20歳のときに知っておきたかったこと　スタンフォード大学集中講義』**（ティナ・シーリグ著、高遠裕子訳、阪急コミュニケーションズ刊）や**『死ぬまで仕事に困らないために20代で出逢っておきたい100の言葉』**（千田琢哉著、かんき出版刊）といった本だ。

これらの本を研究していて、僕が感じたことが1つある。

それは「やるべきこと」ばかりが書かれているということだ。

もちろん、**「何をやるべきか」**は重要なのだが、僕は**「やってはいけないこと」**も情報として欲しいと考えた。

大ベストセラーである**『金持ち父さん貧乏父さん』**（ロバート・キヨサキ著、白根美保子訳、筑摩書房刊）を見ても分かるように、**対比した情報**を与えることで、読者に情報をより分かりやすく伝えるのは、よく使われる手法だ。

そこで企画したのが、井上裕之さんの**『30代でやるべきこと、やってはいけないこと』**という本だ。

それまでは、年代別の本はあまり売れていなかったのに、いきなり「20代向け」「40代向け」の本が売れ始めていた。そして、多くの本には「やるべきこと」しか書かれていなかった。

だから、僕は30代に向けて、「やるべきこと」と「やってはいけないこと」の２つの掛け算で企画を考えたのだ。

井上さんとは、それ以前に『**自分で奇跡を起こす方法**』という本を一緒に作り、ベストセラーになったのだが、この本にも書かれているとおり、井上さんは30代の時に奥さんが事故に遭い、人生が一変したという経験を持っている。

井上さんとであれば、このテーマで、きっと読者の心に響く本を作れるはずだと考えた。

結果、この本は10万部を突破するベストセラーとなり、その後、40代向け、20代向けなどを加えて、シリーズ化していった。

このケースは、テーマをズラして差別化を図った『社長のベンツ』とは異なり、

「類書にはない情報を加えた差別化」と言えるだろう。

どうだろうか？

もう1つ、例を加えておこう。

2005年に僕が企画し、10万部突破のベストセラーとなったのが**『「できる人」の話し方&コミュニケーション術』**という本だが、実はこの本には**「企画の種本」**がある。

2002年に出版され、ベストセラーとなった**『「できる人」の話し方　その見逃せない法則』**（ケビン・ホーガン著、五十嵐哲訳、PHP研究所刊）という本だ。

ご覧のとおり、タイトルもほぼそっくりの本だ。

この本の著者はケビン・ホーガンという外国人なのだが、僕は日本人著者に、このテーマでもっと分かりやすい本を書いてほしいと考えた。

そこで白羽の矢を立てたのが、箱田忠昭さんだ。

箱田さんは、当時、年間300回以上のセミナーを行っている講演のエキスパートだった。

僕は箱田さんと「話し方」をテーマにした本で勝負をしてみたいと考えていた。

21ページにも書いたが、この本を企画していた時に箱田さんから言われたのが、「人生は他人が決めている」という言葉だ。

感銘を受けた僕は、この言葉をそのまま帯の文言に採用した。

結果、この本はベストセラーとなり、その後の**『「できる人」の時間の使い方』『「できる人」の聞き方&質問テクニック』**（いずれもフォレスト出版刊）といったシリーズ化につながっていった。

このケースは、**翻訳本を利用し、著者を外国人から日本人にスライド**させて、うまくいった例と言えるだろう。

このように、一言で「1ミリの差別化」と言っても、そのズラし方には、**様々なパ**

ターンがある。

ところで、あなたは**「盗む」**という言葉に、どんなイメージを持っているだろうか？

おそらく「ズルい」とか「やってはいけないこと」など、マイナスのイメージの方が強いのではないだろうか？

だが、そもそも**「学ぶ」**の語源は**「真似る」**、つまり、盗むことであって、**盗むことと学ぶことは同義**だ。決して悪いことではない。

たとえば、『さおだけ屋』のような、ある種のオリジナル作品は天才にしか作れないと僕は思っている。

だが、そこから学ぶ、つまり、そこから盗んでヒットを生み出すことは、凡人である僕でも可能なのだ。

オースティン・クレオンという作家が書いた**『クリエイティブの授業』**（千葉敏生訳、実務教育出版刊）という本がある。

原題はSTEAL LIKE AN ARTIST。

つまり**「芸術家のように盗め」**という意味で、文字どおり**「盗むことの重要性」**が書かれている。

僕が好きなミュージシャンや映画監督の言葉が数多く掲載されていて、とても参考になる本だ。

この本の中から、2016年に亡くなったミュージシャンのデヴィッド・ボウイと映画監督のジム・ジャームッシュの言葉を、それぞれ抜粋しておこう。

ぜひ、参考にしてほしい。

■デヴィッド・ボウイの言葉

僕がじっくり鑑賞するのは、盗めるところがある作品だけだね。

■ジム・ジャームッシュの言葉

自分の感性と共鳴するもの、想像を掻き立てるものなら、どんなものからでも盗みなさい。昔の映画、今の映画、音楽、本、絵、写真、詩、夢、雑談、建物、橋、看板、木、雲、水、光、影。どんどん吸収し、心に訴えかけるものだけから盗むのだ。そうすれば君の作品（盗品）は本物になる。

さて、「1ミリの差別化」については、おぼろげながらでも、その感覚をつかんでいただけたのではないだろうか？

第5講の締めくくりに、やや変則的な事例にはなるが、僕が脳機能学者の苫米地英人さんを売り出した経緯について、少し言及しておこうと思う。

僕が最初に苫米地さんと出会ったのは、2006年のことだ。

苫米地さんは2000年に『**洗脳原論**』（春秋社刊）、2003年に『**洗脳護身術**』

（三才ブックス刊）という本を出していて、地味なジャンルながらも、いずれもロングセラーになっていた。

だが、ビジネス書は、まだ1冊も出していなかった。たまたま友だちから『洗脳護身術』をもらい、読んでみたのだが、とても面白く、ふと次のように思った。

「自己啓発っていうのは、よく考えてみると、自分をいかに洗脳するかだよな。洗脳の専門家である苫米地さんに自己啓発書を書いてもらったら、面白いかもしれない」

こうした経緯で苫米地さんにアプローチをかけ、２００６年に出したのが**『脳と心の洗い方』**だ。

この本を皮切りにして、苫米地さんとは**『頭の回転が50倍速くなる脳の作り方』『残り97%の脳の使い方』『英語は逆から学べ！』**といった数々のベストセラーを一緒に作らせていただいた。

なぜ、僕が苫米地さんにビジネス書を書いてもらったかというと、それは**リック・**

ルービンという音楽プロデューサーの影響が大きい。

僕が強烈に覚えているのは、1986年の音楽シーンにおけるビースティ・ボーイズとランDMCの活躍だ。

彼らの特徴はロックとヒップホップの融合で、この2つのグループのプロデューサーこそが、リック・ルービンだった。

僕の個人的な解釈だが、リック・ルービンの手法は、ヒップホップというマイナーな音楽を、**ロックというメジャーなマーケットに移動**させて、大ヒットさせるというものだった。

僕は、この手法をそっくり真似した。

つまり、当時、マニアックな業界ながらも、コアなファンを持っていた苫米地英人さんという著者に、**ビジネス書という大きなマーケット**に来てもらい、ベストセラーを連発させることに成功したのだ。

繰り返すが、「1ミリの差別化」と言っても、その手法には様々ある。

苫米地さんの例は、**「業界をズラした成功例」**と言えるだろう。

業界を横断させると、ただ移動させるだけで、新鮮なアイデアになることも多い。
ぜひ、いろいろと研究して、どんなズラし方ができるか、あなたなりの差別化を生み出してほしい。

さて、いかがだろうか？
次の講義は少し趣向を変えよう。
第5講では、ベストセラーを企画する上で「やるべきこと」について書いてきたが、
次の第6講では、逆に**「やってはいけないこと」**について、述べてみたいと思う。

Column

最初はみんなコピーバンド

偉大なロックバンドであるローリングストーンズのファーストアルバムは全曲コピーだ。そもそも、どんなバンドだって最初はコピーから始めるはずだ。だから、あなたも最初はコピーから始めるといい。

コピーをするなら、なるべくオリジナルをコピーするべきだ。一見すると、どれがオリジナルかは、なかなか分からない。ローリングストーンズしか知らなければ、それが全てだと思うだろう。

ただ、彼らの歴史を調べれば、ルーツが黒人ブルースにあることが分かる。だったら、そういうものも聴いてみるといい。

ルーツを知ることで世界が広がる。世界が広がれば、ジャンルを超えた組み合わせができる。オリジナルに近づく。ルーツを探る。これらは本当に重要だ。本質がつかめるようになるからだ。

たとえば、ベストセラーを読むよりも、その著者が読んでいる本を読む方が、実は勉強になる。本質をつかめれば、応用がきくようになる。

6

誰一人として「自分」のことは知らない！

出版社には、連日のように読者からのハガキが送られてくる。

出版社時代、僕はそうしたハガキに対して、できる限り目を通すようにしていた。

自分が作った本に対して、読者がどんな感想を持っているのか、知りたかったからだ。

読者の感想を読む中で感じることが多かったのは、「そんなことは一切書いていないんだけどな……」ということだった。

編集者として、文章に問題のある本は世の中に送り出していない。

ということは、読者の読解力に問題があるということなのだろうか？

いずれにせよ、こちらの想定を超えた解釈や感想を読むたびに、**「人が分かり合うのは、なかなか難しいものだな……」**と感じたものだった。

読者の感想に関しては、その他にも言いたいことがあるのだが、第6講の本筋とそれるので、ここまでにしておこう。

さて、ここで取り扱いたいのは、ハガキで**「次はこんな本を作ってほしい」**とか**「こんな本を読みたい」**と要望をしてくる読者についてだ。

そのまま本にすれば、売れる本になるような気がするかもしれないが、僕はそうした要望を**一切無視**していた。

もちろん、わざわざそうした要望をハガキで送っていただけるのは、非常にありがたいし、嬉しいことだ。

しかし一方で、**「売れる本を作る」という観点で見れば、こうした意見はほとんど役に立たない**と僕は思っている。

いったいなぜだろうか？

この点を理解するためには、マーケティングにおける、**ある重要な原則**を理解していただく必要がある。

人間の心理を理解する上で非常に重要なので、**大文字**にして、以下に書き記しておこう。

人間は自分が欲しい物をよく分かっていない。

自分の胸に手を当てて、よく考えてみてほしい。

あなたは自分が欲しい物を、本当に自分で分かっているだろうか？

素人がよくやってしまいがちな失敗に、アンケートの結果などをそのまま商品化してしまうというものがある。

だが、これは絶対にうまくいかない。

実際、自動車王として知られる**ヘンリー・フォード**は、次のような名言を残している。

「もし顧客に何が欲しいかを聞いたとしたら、彼らはもっと早い馬と言っただろう」

つまり顧客の要望を聞いていたら、「もっと早い馬が欲しい」と言うだけで、自動車という新しい商品は生まれなかったということだ。

このことから学べるのは、次の2つの教訓だ。

■言語化されたニーズは意味がない。

■我々が追わなければならないのは、言語化されたニーズではなく、言語化されていないニーズである。

少し抽象的で分かりにくいと思うので、先ほど紹介した『さおだけ屋』を具体例にして説明しよう。

あの本が試みたのは、まず、一般の人たちにはあまり知られていなかった会計の知識を、身近な疑問（さおだけ屋はなぜ潰れないのか）をきっかけに、分かりやすく解説することだった。

そして、その上で、読者に次のように問いかけたのだ。

「今、あなたが本当に必要としているのは、実は、会計の知識なのではないでしょうか？　この本は、さおだけ屋はなぜ潰れないのかという身近な疑問から学べる、今までになかった、分かりやすい会計の本ですよ」

それに対して、読者は次のように反応した。

「そうそう、私が本当に欲しかったのは、実はコレなんだよ！」

このようにして、ビジネスパーソンが持っている**「私って、数字に弱いんだよね」**というコンプレックスや、**「数字に強くなりたい」**という潜在的なニーズを刺激したわけだ。

だからこそ、『さおだけ屋』は爆発的なベストセラーになった。

繰り返すが、いくらアンケートを取ったところで、「身近な疑問を使って、会計の知識を分かりやすく解説してくれる本が欲しい」という声は、絶対に出て来なかっただろう。

「読者の声にならない声」こそが**「潜在的なニーズ」**であって、そのニーズを的確に捉えることが、ベストセラーにつながるのだ。

そうなると、ここからが問題だ。

我々は言語化されていないニーズを、いったいどのようにして捉えればいいのだろうか？

読者の潜在的なニーズを捉えるにあたって、1つ重要なことがある。

それは、**いくら頭で考えても、答えは出てこない**ということだ。では、どうすればいいいか？

そのヒントは、映画『燃えよドラゴン』でブルース・リーが放った一言に隠されているように思う。
ブルース・リーは、こう言った。

「Don't think, feel!（考えるな、感じろ！）」

潜在的なニーズというのは、その言葉どおり、表には出てこないわけだから、自ら感じるしかない。
つまり、**「感じる力」**を磨くことこそが重要なのだ。

昨今、僕が多くの人と接していて感じるのは、みな「感じる力」が不足しているということだ。
不感症と言ってもいいかもしれない。

僕たちは学校教育の中で、どうしても、自分の意見を抑えることを覚えていく。

実際、僕の子どもは小学校1年生の時に、東京の小学校からハワイに転校したのだが、その時に言われたのが「ハワイは自分の言いたいことが言えていい」ということだった。

小学校1年生ですら、言いたいことが言えないと感じるような圧力が日本の教育現場にはあるということだろう。

社会に出ても、たとえば満員電車に毎日乗るような生活であれば、感覚を麻痺《まひ》させることでしかやっていけなくなる。

職場で自分の意見を言えず、**同調圧力**に屈して生活する日々を送っている方も多いのではないだろうか？

こうして徐々に不感症になり、**「何を見ても感動しない」**と言う人が増えているように感じる。

その状態で、読者の潜在的なニーズを捉えるのは難しい。

では、いったいどうすれば、あなたが本来持っている「感じる力」を取り戻すことができるのだろうか？

もしも、あなたがそういう状態だとしたら、僕が一番オススメしたいのは**「初体験」**を日常に取り入れることだ。

人は初めてやること、初めて行く場所を警戒する。身体の感覚が自然と鋭くなる。

たとえば、毎日、行ったことのない飲食店に行くのもいいし、食べたことがないメニューを頼んでもいいだろう。

人間は意識しないと、つい慣れているものを選んでしまいがちだが、変わり映えのない日常を送っていると、無意識に何も感じないままに生きる羽目になる。

それを打破するためには、日常に「初体験」を取り入れるしかない。

どんな些細《ささい》なことでもいい。通勤ルートを変えるだけでもいい。

「初体験」を意識して生きていくと、少しずつ感覚が戻ってくるはずだ。

もう1つだけ付け加えておくと、**「定点観測」**も、感じる力を磨く手段としては有効だ。

定点観測というのは、たとえば、同じ曜日の同じ時間帯に、同じ場所に通うことだ。書店でも、どこでもいい。

なぜ、同じ曜日の同じ時間帯に、同じ場所に通うのかというと、**「小さな変化」**を読み取りやすいからだ。これが違う曜日、違う時間帯だと、違って当たり前なので、変化を読み取ることが難しくなる。

僕が知っている有名な編集者も取り入れている方法なので、ぜひ実践してみてほしい。

さて、ここまでは「企画の大まかな方向性」について話をしてきたが、次の第7講では、企画の立て方について、もっと踏み込んだ話をしよう。

企画には**「読者対象」**が必要不可欠だが、読者対象をいかにして絞り込むべきか？

次の講義では、その点について、話を進めていきたい。

Column

「好き」はいい加減

僕が編集者やプロデューサーをやってきて思うのは、「人は自分のことは分からない」ということだ。だから、僕も自分のことは他人にプロデュースしてもらう。自分のことが、自分ではよく分からないからだ。

大半の人は、自分の「好き」すら、よく分かっていない。「好きなことがない」「やりたいことがない」という悩みを抱えている人によく出会う。たいして好きでもないことを「好き」と勘違いしている人もいる。

結局、我々の「好き」は、非常に曖昧《あいまい》なものであるということを理解する必要がある。たとえば、今日好きな人が、1年後にも好きとは限らない。それぐらい「好き」はいい加減なのだ。

だから、僕は「好き」よりも、「新しい」をオススメする。「好き」というのは所詮《しょせん》、過去から現在までの自分の価値観でしかない。

一方、「新しい」は未来につながっている可能性が高い。「新しい」の先に、「やりたいこと」に出会えるかもしれない。

7

100%嫌われているトランプ大統領が生まれた理由

僕は編集者として、今までに数々のベストセラーを生み出してきた。

だが、ここできちんと告白しておきたいのは、売れた本以上に、僕が売れない本を作ってきたという事実だ。

世の中というのは、どうしても明るい場所にスポットライトが当たってしまうものだ。

だから売れた本ばかりが注目されてしまいがちだが、その陰で、僕は売れない本も、また大量に作ってきた。


しかし、これは僕だけに限ったことではない。

どんなに優秀な編集者であっても、ベストセラーの陰で、売れない本を大量に作っている。

プロ野球の世界では、**3割打てば一流**と言われるが、僕の感覚だと、編集者もそれに近いのではないかと思う。


そんな中でも、僕は常に打率10割を目指して、本を作ってきた。

当たり前のことだが、「売れなくてもいいや」と思って、本を作ったことは一度もない。

なぜなら、編集者にとっては3打数1安打で良くても、著者にとっては、その中の1打席が全てだからだ。

僕は編集の仕事をするにあたり、1つ覚悟を決めていたことがある。

それは、**「どんなに好きな著者であっても、売れなかったら、もう二度と一緒に仕事ができない」**ということだ。

著者の素質や人柄に惚《ほ》れ込んで、一緒に仕事をするわけだから、できれば仕事で長く付き合っていきたい。

そう思うからこそ、本を出版する直前は、いつも胃がキリキリと痛んだ。

周囲には自信満々な姿を見せていたが、その陰では「売れなかったら、ヤバい」というプレッシャーに押しつぶされそうになっていた。逆に言うと、だからこそ、本を出版するギリギリまで粘って、売れる本作りに没頭できたのではないかと思う。

今だからこそ言えるが、印刷所の印刷工程を止めたことも、一度や二度ではなかった。

売れるために必要だと感じれば、たとえ印刷を止めてでも、原稿の内容を修正したり、装丁を変更したりしていた。

とにかく、本が市場に出回る直前まで粘った。

印刷所の方からすれば、迷惑極まりないことだから、本当に申し訳ないと今でも思う。

だが、それでも当時の僕は**「本が売れさえすれば、印刷所にも恩返しができる」**と本気で考えていた。それぐらい必死だった。

しかし、そこまでやっても、残念ながら、売れない本は売れない。

では、売れなかった本というのは、いったい何が悪かったのだろうか？

本が売れない理由というのは、１つではなく複合的だ。

たとえば、編集者の企画が良くなかったのかもしれないし、本を出版するタイミングが悪かったのかもしれない。

出版社の売り方が悪かったのかもしれないし、ひょっとしたら、タイトルがイマイチだったのかもしれない。

その要因は、誰にも分からない。

分からないが、僕が大量の本を作っていく中で、学んだ教訓がある。

それは**ホームランを狙った時ほど、空振りをする確率が高くなる**ということだ。

どういうことかよく分からないと思うので、具体的に説明しよう。

僕が所属していた出版社では、年間8冊以上の本を作るのがノルマになっていたが、編集者は、複数の企画を同時に回しているのが一般的だ。

では、その複数の企画が、等しく自信があるのかというと、決してそんなことはない。中には**「10万部は確実だろう」**と思える企画から、**「この企画は3万部ぐらいかな」**と思えるものまで様々ある。

編集者は「取らぬ狸《たぬき》の皮算用」で、出版前から、あれこれと部数を計算しているものなのだ。

そして、ここからが重要なのだが、**「10万部は確実だろう」**と思いっきり振り回す企画ほど、**苦戦**をすることが多い。

逆に**「3万部ぐらいだろう」**と軽く振った企画が、20万部、30万部といった形で、**思いもよらぬ跳ね方**をすることがよくある。

たぶん編集者で、一度でもベストセラーを作った経験がある方ならば、「不思議とそうなってしまうんだよな」と共感していただけるのではないかと思う。

究極を言えば、プロの編集者でさえも、どれくらい売れるかは、本を市場に出してみるまで分からないのだ。

いったいなぜ、こうなってしまうのだろうか?

たとえば、バッターがホームランを狙う場面を想像してみてほしい。

ホームランを狙うバッターは、思いっきりバットを振ろうとするので、ピッチャーが投げる球から、どうしても目が離れてしまいがちになる。

当たったらホームランというような鋭いスイングをするのだが、球から目が離れてしまうため、どうしてもミート率が低くなる。

結果、**空振りをしてしまう可能性が高くなる**のだ。

僕は、出版も似たようなものだと感じている。

ホームランを狙い、思いっきり振り回すと、**肝心の「球」**を見ることを忘れてしまいがちになる。

では、出版における「球」とは何だろうか？

それは**「読者」**だ。ただ、ここで僕が言う「読者」は、「具体的な1人の読者」ではなく、いわゆる**「クラスター」**のことを指している。

クラスターは**「ある属性に基づくグループ化された集団」**を意味する言葉だ。

新型コロナウイルスの影響で「クラスター感染」という言葉が頻繁に使われるよう

になったから、ご存じの方も多いことだろう。

現在は、世界中で分断が起こっている。

あらゆるクラスターが、それぞれのカルチャーで生活をしている。

たとえば、全くテレビを見ない集団がいれば、いまだにテレビからの情報が全てという集団もいる。

それらの集団が、全く交わることなく分断しているのが現代だ。

２０１６年11月。当時、僕はサンフランシスコに住んでいたのだが、トランプが大統領選で当選した。

サンフランシスコを含むシリコンバレーの人々は、まさかトランプが大統領になるなんて、誰一人思っていなかった。

なぜなら、誰一人として、トランプ支持者を知らないからだ。ここでも分断が見られた。

このように、現代は**各クラスターが分断**されている。

だから、**どのクラスターを狙うかが重要**になってくる。

まずやるべきなのは、どんなクラスターがあるのかを知ることだ。

そのために、あらゆる種類の雑誌を見る。書店であらゆる本を見る。こうしたことを実践していくことが大切だ。

こういった活動をしていく中で、たとえば気になる言葉があったら検索してみるといいだろう。

こうして**各クラスターの世界観を学んでいく**のだ。


ホームランを狙う必要はない。極論を言えば、内野ゴロでいい。クラスターを狙って、まずはきちんと転がすことが重要だ。

ホームランを意識すると、視線が**「大衆」**という**「存在しない存在」**に向いてしまうようになる。

そもそも、世の中に大衆は存在しない。

存在するのは、1人ひとり違う人生を歩む人間であって、彼らが「クラスター」を形成している。

大衆を狙うと、**誰の心にも突き刺さらない本**になってしまい、結果、売れない可能性が高くなってしまう。

逆に、**「クラスター」**がしっかりと見えている場合は強い。

なぜなら、確実な数字が計算できるからだ。そして、クラスターの中の1人ひとりがＳＮＳなどで拡散してくれる。

結果として、「クラスター」を確実に狙った本は、多くの人たちの心に突き刺さり、想定以上のベストセラーとなるケースがしばしばある。

だからこそ、ホームランを狙う必要はないと僕は考えている。

さて、次の第8講では、**「タイトルの作り方」**について、話をしたいと思う。どのようにして**「売れるタイトル」**を作ればいいのか？

出版社では、編集者がタイトル案を出し、それを会議で揉《も》むのが一般的だが、僕はやめた方がいいと考えている。

なぜか？　第8講は、その理由についての話から始めよう。

Column

一点突破から始まる

出版社から独立した後、僕は人に「情報発信」を教えてきた。僕自身もそうだったが、情報発信は、自由を手に入れるための武器になる。

情報発信と言えば、かつては新聞やテレビに代表されるようなマスメディアしかできなかった。だから、ある意味、情報は権力者側に完全にコントロールされていた。

ところが、今では誰もが情報を発信できる時代になり、さらに、そこから「稼ぐ」ことも可能になった。たとえば、年収数億円を稼ぐユーチューバーはザラにいる。

個人が情報発信でお金を稼ぐためには、どうすればいいのだろうか？

僕がまず伝えるのは「一点突破」だ。どんな小さな分野でもいいから、1位になることが重要だ。それが、自分を知ってもらえるきっかけになる。

ここ最近出てきたファッションブランドなども、みんなそうで、まずはデニムで話題になり、その後、他のアイテムに広がりを見せている。

最初は極力、間口を狭くしていくことが肝心だ。

8

会議はゼロでいい!

一般的に、タイトルや装丁（カバーや帯など）は、担当の編集者が原案を出し、編集会議や営業部との会議を経て決定されるのが主流だ。

当時、僕が所属していたフォレスト出版も例外ではなかった。

タイトルは編集者と編集長、さらに営業部の4名を交えた計6名の会議で決定していた。

また装丁に関しても、担当の編集者がデザイナーと原案を作り、その案に編集長と営業部の意見を取り入れて、修正を図っていくというスタイルをとっていた。

基本的に全員の了承を得られるまで、修正を繰り返した。

僕が編集長になって、最初に行ったこと。

それは、こうした**ムダな会議を全て廃止**することだった。

そして、タイトルや装丁は、編集者と編集長の僕、計2名で決定することにした。

なぜか?

もちろん、そこにはきちんとした理由がある。

いったいどうすれば、売れる商品を作れるのか？

おそらく、多くの商品開発者が悩んでいる問題ではないかと思う。

実は、この時に、担当者が陥ってしまいがちな勘違いが1つある。

それは、みんなの意見を持ち寄れば、より良い商品、売れる商品ができるのではないかという考え方だ。

みんなの意見を持ち寄れば、より良い商品、売れる商品ができる。

はたして本当だろうか？

僕が数多くの本を作る中で得た教訓。

それは、**「みんなの意見を集めて作った商品は、結果として、誰もが欲しがらない商品になってしまう」**ということだ。

どういうことか説明しよう。

たとえば、どんなタイトルを良いと感じるか？

どんな帯のメッセージが心に突き刺さるか？

どんなカバーのデザインをカッコいいと感じるか？

その感じ方は、人それぞれだ。

僕が所属していた会社の場合、編集部と営業部の計6名で話し合い、それらを決定するプロセスを採用していたが、6人の感性が一致することはほとんどない。

仮に5人が賛成しても、残り1人が「このメッセージはどこかピンと来ない」とか、「ここの配色が気に入らない」などと言うたびに、修正を加えていくことになる。


こうした過程で、いくつかの問題が起こる。

最大の問題点は、修正を加えていくたびに、**元々の企画コンセプトとは異なる本**が出来上がってしまうことだ。

たとえば、企画の方向性として、読者を刺激するような強いメッセージをタイトルや帯で使いたいと編集者が考えていたとしても、他の誰かが、ちょっとした思いつきで「読者を煽《あお》りすぎじゃないか」などと言う。

それに賛同する人が多いと、編集者としては、修正せざるをえなくなる。

そうした形で次々に修正を加えていくと、尖《とが》っていた刃物が丸みを帯びていくかのごとく、**誰の心にも突き刺さらない商品**になってしまうのだ。

みんなで話し合いを重ねると、全てが**「何となく」**決まってしまい、**無難な着地点**に到達してしまうことが多い。


さらに、みんなの意見を取り入れて修正を加えていくたびに、**企画をした編集者の責任感が薄れていく**という問題もある。

編集者としては、「みんなの意見を取り入れたんだから、仮に売れなくても、自分のせいじゃないよ」となるわけだ。そのようにして、誰もが責任を取らないまま市場に送り出された本は、結果として売れず、悲惨な結末を迎えることが多い。


ここで、誤解してほしくない点が1つある。

僕が言いたいのは、人の意見は聞かなくていい、ということではない。

意見を聞くのは大事だし、聞くことで、思いもよらぬ改良点が見つかることもある。

たとえば、僕が企画した本で言うと、『**なぜ、あの占い師はセールスが上手いのか?**』（森下裕道著、石井裕之監修、フォレスト出版刊）は、営業部の意見を取り入れて、タイトルを変更した事例だ。

当初、僕が考えていたタイトルは『なぜ、占い師はセールスが上手いのか？』だった。

だが、営業部の誰かが、「『あの占い師』という形で、『あの』を入れた方が、読者が具体的な1人の占い師を思い浮かべられるので、より良いのではないか」と言った。良い意見だなと感じた僕は、即座に採用した。

ここでのポイントは、あくまでも**「企画のコンセプト」をズラさないような変更であればOK**ということだ。

意見を聞くことは大事だが、意見を聞きすぎて、元々のコンセプトがブレてしまうようでは本末転倒だ。人の意見はあくまでも**参考程度**にとどめておくくらいで、ちょうどいいのではないかと思っている。

話を戻すが、編集長になった僕はムダな会議を廃止し、タイトルや装丁の決定を、編集者と僕の2人で行うことにした。

そして、最終決定権を、基本的に担当の編集者に持たせるようにした。

その結果、どうなったか?

本の売上は、**全体で3倍近く伸びた**。自分で言うのも何だが、出版不況の中、各社が売上を落としていた中で、これは突出した数字だった。

何より良かったのは、タイトルや装丁の決定権を編集者にゆだねることで、編集者に責任感と緊張感が生まれたことだ。それが**売れる本作り**、ひいては**売れる環境作り**につながったのだと思う。

こうして僕はタイトルや装丁における営業部の関与を排除したわけだが、営業部の人たちにしてみれば、心の中で「面白くない」と思っていたかもしれない。

だが、結果として、本の売上は伸びたわけだから、営業部の人たちにも恩恵をもたらしたはずだ。それが全てだと僕は思っている。

カリスマ編集者として有名な幻冬舎の見城徹さんは著書『**憂鬱でなければ、仕事じゃない**』（藤田晋共著、講談社刊）の中で、**「顰蹙《ひんしゅく》は金を出してでも買え」**と書いているが、ベストセラーを生み出すためには、時として、**周囲との摩擦も厭《いと》わない姿勢**が必要だ。

さて、次の第9講では**「売れるタイトル作り」**について、もう少し考察を深めていこう。

Column

決める練習

僕の周囲には、たくさんの若い人たちがいる。僕が多くの若者と接していて感じるのは、「自分で決められない人が本当に多い」ということだ。いつも誰かの意見を聞き、誰かに影響を受け、ブレた人生を送っていく。

全てを学校教育のせいにするつもりはないが、答え探しの教育を受けてきた影響が大きいのだろう。答えのない課題にとことん弱い。ひとたび社会に出れば、周囲にあるのは、答えのない課題ばかりだ。

重要なのは、「答えなんかない」と知ることだ。答えがないならば、「最善の選択をする」のではなく、「自分の選択を最善にする」しかない。

だから、僕は選択の場面で「どれを選んでも同じ」と思い、さっさと決めてしまう。決断に時間をかけない。重要なのは、「何を選ぶか」ではなく、「選んだ後にどうするか」だからだ。

「あの時、あっちを選んでおけばよかった」と後悔ばかりしている人は、結局、どれを選んでも、うまくいかない。

9

本も「見た目」が9割

9 本も「見た目」が9割

あなたは**パレートの法則**をご存じだろうか？

これは**「2割の要素が全体の8割を決める」**という経験則で、この法則は本にも当てはまると僕は考えている。

本を作る際、編集者が作らなければならない要素は、主に**「原稿」**と**「装丁」**の2つに分けられる。

装丁というのは、具体的に言うと、**「カバー」**と**「帯」**だ。もちろん、ここには**「本のタイトル」**も含まれる。

本を作る作業の中で、最も時間と労力を要するのは、間違いなく原稿の作成だ。**全体の8割以上は、原稿の作成**に割かれる。

装丁の作成に割かれる時間と労力は、おそらく全体の2割にも満たないだろう。

ところが、実際に本の売上を左右するのは、原稿ではなく装丁だ。

僕の経験上、**本の売上の9割は、装丁**で決まってしまう。

ある意味、一瞬の見た目で勝負が決まってしまう、残酷で、理不尽な世界だと言えるだろう。

なぜ、こうしたことが起こるのだろうか？

それは、読者が**「期待感」**によって、本を買うからだ。

当たり前だが、読者は本文を全て読んでから、本を買うわけではない。

ためしに、本を買う時の自分の行動を振り返ってみてほしい。

書店で確認するのはせいぜいタイトル、帯、まえがき、目次といったところではないだろうか？

本作りにおいて、僕は**タイトル**、**帯**、**まえがきの3点セットを重視**していた。中でも一番重要なのは、やはりタイトルだ。

実はタイトル作りにおいて、僕は**手痛い失敗**をした経験がある。

僕が嶋津良智さんに初めてお会いしたのは、たしか２００７年だったと思う。

当時、嶋津さんは上司関連の本で実績を上げていた著者だったのだが、もっと売れる本を作りたいということで、人づてに紹介され、お会いすることになった。

上司関連で同じような本を企画しても面白くないと思いながら、嶋津さんの話を伺っていたのだが、嶋津さんからふいに、次の一言が飛び出した。

「僕はある日から、怒らないことに決めたんですよ」

このように、著者が放った**「ふいの一言」**や著書に書かれている**「何気ない一言」**が企画の突破口になることはよくある。

この時も同様で、僕は嶋津さんが言った**「怒らないことに決めた」**という一言が非常に面白いと思った。

実は当時、アルボムッレ・スマナサーラというスリランカ上座仏教の長老が書いた**『怒らないこと』**（サンガ刊）という本が売れていた。

この本はお坊さんが書いた本だが、嶋津さんがこのテーマで、上司の観点から「怒らないテクニック」を書けば、ひと味違った面白い本になるのではないかと思った。

そこで、嶋津さんに**『怒らない技術』**というタイトルの本を提案して、会社に企画書を提出。

企画が通り、原稿の作成も終わって、無事、出版が決まった。

ところが……。

この本の出版直前、僕は**致命的なミス**を犯した。

どんなミスを犯したのかと言うと、タイトルを『怒らない技術』ではなく、別のタイトルに変更したのだ。

変更したタイトルは**『雨がふってもよろこぼう！』**。

今考えると、「このタイトルでは、何の本だかよく分からないな」と思うのだが、原稿に「できる営業マンは雨が降ると喜ぶ」といった記述があり、そちらをタイトルにした方が面白いと考えたのだ。

結果は大失敗。

この本はほとんど売上を伸ばすことができず、終わってしまった。

人生の中で「あの時、こうしておけば……」と後悔の念にかられることは、誰にでもあると思う。

だが、人生にリハーサルはなく、一発勝負だ。「たら」「れば」はなく、あとで後悔をしても、もう遅い。

本作りも同じで、基本的には**一発勝負**だ。

「あのタイトルにしておけば……」とか、「帯のメッセージはこっちの方が良かったかな……」などと思うこともあるのだが、結局のところ、その答えは誰にも分からない。

二度目はないからこそ、考えに考え抜いて決断を下すのだが、その決断が裏目に出てしまうこともある。

嶋津さんには、本当に申し訳ないことをしたと感じていた。

ところが、この本に関して言うと、奇跡的に**セカンドチャンス**が巡ってきた。

というのも、僕の提案で、フォレスト出版が**「フォレスト2545新書」**という新たな**「新書レーベル」**を立ち上げたのだ。

この立ち上げにあたっては、市場調査を行っていた営業部から反対意見が出た。彼らが言うには、「新書の市場は飽和状態」とのことだった。

だが僕は、徹底的に読者の立場に立って考えてみた。

どう考えても、本は安くて、軽くて、コンパクトな方が良いに決まっている。それだったら、単行本よりも新書の方が良い。

そのように考え、半ば営業部の反対を押し切る形で、新書の立ち上げが決まった。

いくつか新書のラインナップが出ていく中で、僕が提案したのは『雨がふってもよろこぼう！』を、『怒らない技術』にタイトル変更して、新書化することだった。

この提案は会社に受け入れられて、僕は当初考えていた『怒らない技術』というタイトルで、再度、勝負をするチャンスをもらえることになった。

今度こそ、という気持ちだった。

結果は大成功。『怒らない技術』は**シリーズで100万部を超えるベストセラー**になった。


さて、ここで1つ注目していただきたい点がある。それは、『雨がふってもよろこぼう！』も『怒らない技術』も、**原稿の中身はほぼ同じ**だということだ。

タイトルを『怒らない技術』に変更して新書化するにあたり、多少の改訂は加えているが、中身はほとんど変わらない。

にもかかわらず、『怒らない技術』はシリーズ100万部突破。

一方、『雨がふってもよろこぼう！』は僕の記憶が確かなら、刷り部数は**3万部以**

下だったはずだ。

タイトルだけで、部数が30倍以上も変わってしまったのである。

文庫や新書など、様々なラインナップを持っている大手の出版社と違い、中小の出版社では、タイトルを変更して本を出し直せる機会はほとんどない。だから、僕にとっては貴重な経験だった。

単行本と新書の違いはあれども、タイトルを変えただけで、売上にこれだけの差ができてしまう。

つまり、原稿の中身は、本の売上にとって、あまり関係がないということになる。

いくら原稿の中身に時間をかけようとも、実際の売上は装丁、つまり**見た目**によるところが大きい。

残酷なようだが、これが現実なのだ。

だから、**装丁をいかに仕上げるかが大事**になってくる。

中でも重要なのは、やはり**タイトル**だ。

タイトルをどう付けるか？

それが、本の売上に直結する。

では、**「売れるタイトル」**は、いったい何を考えて、どのように付ければいいのだろうか？

次の第10講では、僕がタイトル作りで重視してきたことを中心に、**「売れるタイトル作りの秘訣」**について、話をしたいと思う。

Column

世界観を作る

世間は意外と冷たい。人は外見で判断される。格好が良かったり、かわいかったりすれば、人生はそれだけで有利だ。重要なのは、この事実を突きつけられた時に、どう動くかだ。どうせ自分はブサイクだからと諦《あきら》めるのか？　少しでも良くなろうとするか？　ここが分かれ道になる。

勘違いしてはいけないのは、誰もが美男美女を目指す必要はないということ。重要なのは「世界観」だ。たとえば、僕の場合、ロックが好きだから、普段の情報発信でもロックのネタが多いし、ファッションもロックのTシャツを着ることがしばしばある。

情報発信においては、「何を言うか」を重視している人が多いが、人は視覚情報に一番影響を受ける。特に、最近ではオンライン会議などが増えてきているから、背景も含めて、「自分の世界観」を意識する必要がある。

繰り返すが、美男美女を目指す必要はない。自分の世界観をいかに演出するかが重要だ。

10

「1秒」を制する
ワーディングの魔法

現在の日本で、1年間にどれくらいの新刊書籍が出版されるか、あなたはご存じだろうか？

ここ数年、書籍の新刊冊数は少しずつ減少傾向にあるが、だいたい**7～8万部**で推移している。

ちなみに、公益社団法人全国出版協会・出版科学研究所の『出版指標年報』によると、2018年の書籍の新刊は7万1661冊。

単純に365日で割ると196冊だ。

つまり、**1日に約200冊の書籍が、新たに市場に出ていく**という計算になる。

この中で、あなたの本が書店で読者の目に触れる確率、ということになると、ほとんど奇跡に近い確率でしか起こりえない、ということがお分かりいただけるのではないだろうか？

実際に、**読者が書店で1冊の本に目を留める時間は、1秒未満**と言われている。ゼロコンマ何秒の世界だ。

その一瞬で、読者の心をつかまなければならない。一瞬で勝負が決まる、非常にシビアな世界だと言えるだろう。

だからこそ、タイトルは**「一瞬で読者の興味を引くこと」**が何より重要になる。

では、**「読者の興味を一瞬で引くタイトル」**というのは、いったいどのように付ければいいのだろうか？

この第10講では、タイトル作りにおいて、僕が重視していた**「4つのポイント」**をご紹介したい。

簡単にまとめると、以下のとおりだ。

①数字を使う。
②ひらがな、カタカナ、漢字のバランスを考える。
③ギャップと疑問を利用する。
④迷わずに言い切る。

以下、順番に説明しよう。

まず、①だが、**「数字」を入れる**というのは、タイトル作りにおいて、僕がかなり重視していたことだった。ひょっとしたら、**一番こだわっていた点**と言えるかもしれない。

タイトルに数字が入らない場合でも、サブタイトルや帯のメッセージに入れるなどして、僕は常に数字を意識していた。

ちなみに、この本のタイトルは『常識の1ミリ先を考える。』だが、**「1ミリ」**という形で、数字を盛り込んでいる。

なぜ、数字を多用したのかと言えば、それはマーケティングを勉強していく中で、**人は数字に惹《ひ》かれる**ということを学んだからだ。

たとえば、広告では**「〇〇第1位」**という表現が頻繁に使われるが、よく見てみると、たいしたことのないランキングの第1位だったりする。

だが、それでも第1位と列挙されていると、それだけで何となく「すごいな」と感じてしまうものだ。


なぜ、人は数字に惹かれるのか?

それは、**人間が数字に弱い生き物**だからだ。

もちろん数字に強い人もいるが、それはごく一部で、たいていの人は数字に弱い。

最近、『**FACTFULNESS(ファクトフルネス)〜10の思い込みを乗り越え、データを基に世界を正しく見る習慣〜**』(ハンス・ロスリング、オーラ・ロスリング、アンナ・ロスリング・ロンランド著、上杉周作、関美和訳、日経BP社刊)という本がベストセラーになったが、この本にも書いてあるとおり、多くの人が数字をきちんと読み込むことができない。

数字を出された瞬間に、思考が停止してしまうのだ。

だから、バイアスのかかった考え方に、簡単に捕われてしまう。

「第1位」と見た瞬間、何も考えずに「すごいな」と感じてしまうのは、その証拠と言えるだろう。

否応無しに、数字には**「人を惹き付け、納得させてしまう魔力」**がある。

だからこそ、僕はタイトルで数字を多用していた。


次に②だが、ひらがな、カタカナ、漢字は、それぞれ語感が異なる。

これらのバランスをどう取っていくかは、僕独自のスタイルになる。

たとえば、**「かわいい」**とひらがなにするか、**「カワイイ」**とカタカナにするか、それとも**「可愛い」**と漢字にするかで、その印象はだいぶ異なってくる。

どの文字を選択するかが非常に重要で、その選択を**「ワーディング」**と呼んで、僕は重視していた。

たとえば、この本のタイトルが全部ひらがなで、『じょうしきのいちみりさきをかんがえる。』ならまったく目に入ってこないはずだ。

ひらがな、カタカナ、漢字をうまく混ぜることで、一瞬でタイトルが理解できるようになる。

人の判断の多くは無意識だ。だとするなら、視覚から入ってくる瞬間が勝負になる。

頭で理解する前に、視覚で判断する。**だから、「ライティング」だけでなく、「ワーディング」も意識するべきだ。**

次に③の**「ギャップと疑問を利用する」**だが、読者の心を一瞬で惹き付けるためには、ギャップを作ることも有効だ。

なぜなら、ギャップを作ると、そこに疑問が生まれるからだ。

具体例を使って説明しよう。

僕が企画・編集した本で言うと、出版社から独立後に初めてプロデュースをした小玉歩さんの**『クビでも年収1億円』**（角川学芸出版刊）が一番分かりやすい例ではないかと思う。

世間的なイメージで言うと、「クビ」＝「収入ゼロ」ではないだろうか？

そこを「年収1億円」と持って来ることで、ギャップができる。

するど、読者の頭の中には**「クビなのに、なぜ年収1億円なのか?」**という疑問が湧く。

その疑問を解消したくて、思わず本を手に取ってしまうというわけだ。


僕が作った本以外で例を挙げるなら、**「ビリギャル」**が分かりやすいだろう。女優の有村架純さん主演で映画化までされたベストセラーだ。

この本の正式なタイトルは、**『学年ビリのギャルが1年で偏差値を40上げて慶應大学に現役合格した話』**(坪田信貴著、KADOKAWA刊)だ。

まさに**「どんな勉強をしたの?」**と思わず聞きたくなるような疑問が湧く、上手なギャップの作り方だと言える。


このように、世の中を見渡してみると、ギャップをうまく利用している例が意外と多いことに気づく。

もちろん、こうしたギャップは、タイトルだけでなく、帯のメッセージで活用してもいいだろう。

ちなみに、タイトルや帯で**「なぜ〜なのか?」**というのをよく目にすると思うが、いわゆる**「疑問形」**が多用されるのも、同じ理由からだ。

疑問を持つと、人はその疑問を解消せずにはいられない。

僕自身も**『なぜ、占い師は信用されるのか?』**だけでなく、**『なぜ、脳は神を創ったのか?』『経済大国なのになぜ貧しいのか?』**(いずれも苫米地英人著、フォレスト出版刊)など、数々の本で疑問形を採用してきた。

読者に上手に疑問を持たせることができれば、その威力は抜群だ。

この際のポイントを1つ挙げておくと、読者に疑問を投げかける際には、**「そう言えば、なぜだろう」**と思わせることが重要だ。

たとえば、「さおだけ屋はなぜ潰れないのか」と言われれば、「そう言えば、なぜだろう」と思うだろう。

一方、「なぜ、長倉顕太は読書が好きなのか」と言われても、誰も「なぜだろう」

とは思わない。「だから何」という話で、ダメな疑問形の典型例と言える。

素人の方の企画書には、むやみやたらと疑問形を使うものが散見されるが、使い方を間違えると効果がなくなってしまうので、注意が必要だ。

いずれにしても、ギャップや疑問形は、一瞬で読者の心をつかむために有効なので、ぜひ活用していただければと思う。

最後に、④の**「迷わずに言い切る」**について、簡潔に説明しよう。

読者を惹き付ける方法として、やるべきこと、もしくはやってはいけないことを明確にして、命令形で言い切ってしまうという手法がある。

僕が企画した本だと、菅下清廣さんのベストセラー**『2011年まで待ちなさい!』**(フォレスト出版刊)が分かりやすい例と言えるだろう。

ひょっとしたら、「読者に命令なんかして、大丈夫なの?」と思う方もいるかもしれないが、読者の中には、意外と優柔不断な人たちも多い。

そうした人たちには、**「あれをやれ」「これをやるな」**と明確化して、命令形で言い切ってあげた方が、かえって訴求力を持つ場合もある。

最近では、「命令形を嫌がる人が多くなっている」という話を人づてに聞く。もちろん、命令形に嫌悪感を抱く読者もいるだろう。

しかし、『**1分で話せ**』（伊藤羊一著、SBクリエイティブ刊）や『**自分のことは話すな**』（吉原珠央著、幻冬舎刊）など、命令形のタイトルで、直近でも数々のベストセラーが出ている。

そうした現状を見ると、命令形のタイトルも、まだまだ使える手法なのではないかと思っている。

実は、タイトルや企画を考える際、僕が部下によく言っていたことがある。

それは、**「迷ったら極論に走れ」**ということだ。特に健康系やダイエット系の本は、極論に走った方が売れる傾向にある。

昔、『**朝バナナダイエット**』（はまち。著、ぶんか社刊）という本がベストセラーになった。この本を例にとると、「朝はバナナ」と言い切ったところにポイントがある。ダイエットという観点で言えば、リンゴでもイチゴでもいいのだろうが、それを言ってしまえば、収拾がつかなくなり、読者は混乱してしまう。

バナナという極論に走ったところに、この本の**企画の面白さ、読者への訴求力**が生まれたのだ。

いずれにしても、読者を惹き付けるためには、自信を持って言い切ることも重要だ。

いかがだろうか？

次の講義では、**「帯の作り方」**について話をしたい。

僕が帯作りで重視していたこと。それは、**タイトルとの一貫性**を持たせることだった。

なぜ、一貫性が重要なのか？　次の講義で説明する。

Column

大切なことは無意識が決めている

人は毎日約9000回、何らかの判断をしていると言われている。

ここで重要なのは、選択の大半は、無意識で行われているということだ。我々の人生は、選択の積み重ねでできている。

にもかかわらず、そのほとんどが無意識に行われている。これは、とても恐ろしいことだ。

では、無意識の選択を変えるためには、いったいどうすればいいのだろうか？　そのために必要なのは、習慣を変えることだ。

たとえば、通勤について考えてみよう。通勤が習慣化すれば、何も考えなくても、職場にたどり着けるようになる。つまり、無意識に職場まで行けるようになる。

このように「習慣化」できたときに、人は無意識で判断をするようになる。無意識で行う選択は、全て習慣から来ているのだ。

であれば、習慣を変えることで、選択の大半が変わる。もしも、あなたが「人生を変えたい」と思うのなら、習慣を変えるしかない。

11

右脳8割、左脳2割

本作りにおいて、タイトルや帯が重要であることは、素人の方でも、感覚的に分かるのではないかと思う。

タイトルの重要性は、先ほど、第10講で話をしたとおりだ。


書店で、読者が1冊の本に目を留める時間は1秒にも満たない。

だから、読者を一瞬で惹き付けること。

これがタイトルの一番重要な役割になる。


では、帯はどうだろうか?

帯のメッセージが重要であることは、感覚的に理解できると思う。

だが、「なぜ、重要なのか?」と聞かれて、あなたは、その理由をきちんと説明することができるだろうか?


先ほど、第10講の終わりに、僕は**「タイトルと帯の一貫性が重要」**と書いた。

なぜ、一貫性が重要なのだろうか?

第11講は、その点について話をしよう。


なぜ、タイトルと帯の一貫性が重要なのか？

その点を理解するためには、人間の消費行動における、**ある重要な原則**を知っておかなければならない。

非常に重要なので、**大文字**で書き記しておこう。

人は感覚で買い、理屈で納得する。

実は、これは伝説のマーケターと言われるジョセフ・シュガーマンの著書『**シュガーマンのマーケティング30の法則**』（佐藤昌弘監訳、石原薫訳、フォレスト出版刊）

に出て来る一文だ。

どういうことか分からないと思うので、詳しく説明しよう。

第10講で、読者が書店で1冊の本に目を留める時間は、ゼロコンマ何秒であるという話をした。

その時に一番重要なのは、タイトルだ。

まずはタイトルによって、人は購買を検討するか否かを瞬時に判断することになる。

抽象論だと分かりにくいと思うので、具体例を挙げよう。

僕が仕事をする上で最も影響を受けた『**あなたの会社が90日で儲かる！**』（神田昌典著、フォレスト出版刊）という本がある。

書店でこのタイトルを見た中小企業の経営者の多くは、「何だか面白そうな本だな」と感じたのではないかと思う。

つまり、「この本は、自分のための本だな」と感じ、瞬時に購買を検討するモードに入るわけだ。だが同時に、次のような疑念が湧いてくる。

「あなたの会社が90日で儲かるって言うけど、本当かよ？」

こうした読者の疑念を払拭《ふっしょく》し、本の購買を促すためには、いったいどうしたらいいのだろうか？

ここでもう一度、先ほどのシュガーマンの言葉を思い出してみてほしい。シュガーマンは**「人は感覚で買い、理屈で納得する」**と言った。

この言葉の意味は、読者が本の購買を決定するプロセスに置き換えてみると、よく理解できる。

読者は、タイトルで感覚的に本に惹き付けられる。

ただし、それだけでは、本の購買を決定する理由にはなりえない。

読者としては、**「なぜ、この本を買わなければならないのか」「なぜ、この本が自分にとって重要なのか」**を**「理屈」**で納得する必要がある。

実際、先ほど紹介した著書でシュガーマンは次のように書いている。

お客の抵抗感を解消するには、感覚的に行った購買決定を論理的な理由で正当化できることを、何らかの方法で確信させることが必要だ。そうしなければ、最後の詰めに必要な大事な「理屈による正当化」という心理的トリガーがないままになってしまう。

1つ説明を加えておくと、シュガーマンの言う**「トリガー」**というのは、ピストルなどの**「引き金」**のことだ。

つまり、読者に購買決定の**「心理的な引き金」**を引かせるためには、**「理屈による正当化」**が必要不可欠であるということだ。

では、ここで1つ質問だ。書籍において、この重要な役割を果たしているのは、いったいどの部分だろうか？

その答えは**「帯」**と**「まえがき」**だ。

まえがきよりも、先に目が行くのは帯のメッセージだから、より重要なのは、帯のメッセージということになる。

なぜ、帯のメッセージが重要なのか？

それは**本の購買決定を、読者に「理屈」で納得させる上で欠かせない**ものだからだ。

さて、ここまでを読んでいただければ、なぜタイトルと帯の一貫性が重要なのか、その理由を理解していただけるのではないかと思う。

編集者がやってしまいがちなミスとして、目立つ文言を帯に入れようとするあまり、タイトルとの整合性が取れないメッセージを入れてしまうことがある。

だが、これは**大きな間違い**だ。

タイトルと一貫性のないメッセージが帯に入って来ると、読者は本の購買を、理屈で正当化することができなくなってしまう。

そうなると、本を購買してもらえる確率がグッと下がってしまうことになる。

僕の場合、タイトルと帯の一貫性を重視しつつ、帯には「これでもか」と思えるほど、大量の文章を載せるようにしていた。「本の購買を理屈で正当化させるための材料」を、少しでも多く読者に与えるためだ。

それだけでなく、帯を見た読者に「まえがき」を読んでもらえるようにも工夫していた。

読者に「まえがき」を読んでもらうことで、「やはりこの本を買うべきだ」ということを理屈で、より強固に確信させて、購買を促したいからだ。

読者をタイトルで瞬時に惹き付け、**「帯のメッセージ」→「まえがき」**という流れを作ることができれば、理想的と言えるだろう。

最近は、帯にゴチャゴチャと文章を入れず、シンプルなメッセージのみに終始するのが主流なようだが、基本は変わらないと僕は思っている。帯のメッセージで一番重要なのは**「タイトルとの一貫性」**であって、この基本を外せば、売れる本も売れなくなってしまうから、注意が必要だ。

ちなみに、先ほど紹介した『あなたの会社が90日で儲かる！』は、フォレスト出版の元編集長で、僕の師匠でもある中西謡さんが編集を手がけた本だ。

この本で採用された帯のメッセージを振り返ってみると、次のような文言が並んでいる。

■全米トップMBA出身の実践マーケターが語るMBAを超えた本当に役立つ儲けのテクニック
■すでに3000社以上が実践中！

「あなたの会社が90日で儲かる！」と言われた時に読者に発生する「本当かよ？」という疑念を見事に払拭し、理屈で購買を納得させるメッセージになっている。

僕は、**感覚（右脳）８割、理屈（左脳）２割**を常に意識している。

一番重要なのは感覚だが、かといって、理屈なしに人は動かないので、注意が必要だ。

さて、以上の説明で、シュガーマンが言う「人は感覚で買い、理屈で納得する」についてては、ご理解いただけたと思う。

読者を理屈で納得させ、本の購買決定を促すために重要なのは「帯」。そして、その次に重要なのが「まえがき」だ。

次の12講では、**「まえがきの作り方」**について解説する。

Column

サムネイルは帯

僕はユーチューブチャンネルを持っている。この本が出版される時点での登録者は2万人超。正直、ユーチューバーを名乗るには恥ずかしい数字だ。それでも、なぜユーチューブをやるのかと言われれば、人に「情報発信」を教えている以上、全てのメディアを押さえておきたいからだ。

ユーチューブは46歳の僕としては、かなり不利なメディアだ。外見が重視されるメディアだから、おじさんにとっては、不利でしかない。ただ、それでも2万人までいけたのは、情報発信の基本が同じだからだ。

特に僕が感じているのは、タイトルとサムネイル画像の関係だ。

ユーチューブ動画には当然、タイトルが付くわけだが、サムネイルと呼ばれる画像に文字を入れることができる。この役割は、本における「タイトルと帯」の役割に似ていると思っている。

「人は感覚で買い、理屈で納得する」と書いたが、ユーチューブに置き換えれば、「人はサムネイル画像で興味を持ち、タイトルで再生する」と言える。

12

「1行目」は催眠術

この本では、僕が作ってきたベストセラーを題材にして、ヒットを作る方法を伝えてきた。

この第12講では、**「どうすればメッセージが伝わるのか?」「どう書けば読んでもらえるのか?」**という疑問に対して、**「まえがきの書き方」**を題材にして、僕の考え方をお伝えしたい。

ベストセラーになる本はたいてい、まえがきも良くできているので、いろいろと研究してみるといいだろう。


さて、まえがきで一番重要なのは、どの部分だろうか?

極論を言えば、まえがきははじめから終わりまで、全ての文章が重要なのだが、その中でも、僕が重視してきた部分がある。

いったいどこだろうか?

答えは、**最初の一文**だ。
お笑いの世界でも**「つかみはＯＫ」**とよく言われるが、本の世界でも、導入部分でいかに読者を文章に引き込むかが大事だ。

だから、まえがきの中でも最初の一文を、僕はとりわけ重視してきた。

では、ここで、もう1つ質問だ。

この本の最初の一文を、僕がいったいどんな文章で始めたか、あなたは覚えているだろうか？

覚えていない方は、最初に戻って、この本の「最初の一文」を確認した上で、この先を読み進めてほしい。


確認していただけただろうか？

そう、僕は、この本の最初の一文を**「この本を手に取っていただき、ありがとうございます」**で始めている。

「だから、何だよ。ただ単に御礼を言っているだけじゃないか」と思うだろうか？

そう思うかもしれないが、実はこの一文に、僕はかなりの**「こだわり」**を込めている。

最初に結論を言ってしまうと、この一文に、僕は**「催眠術の原理」**を取り入れている。

子どもの頃に、**「まぶたが重くなる、まぶたが重くなる」**と言われて、実際に眠くなってしまった経験はないだろうか？

あの原理だ。

なぜ、「まぶたが重くなる」と言われると、実際にまぶたが重く感じられてしまうのだろうか？

その理由は、**自分の無意識の行動を言語化**されるからだ。

どういうことかと言うと、我々は常にまぶたの重さを感じている。

普段、意識していないだけであって、実際にまぶたは重いのだ。

だから、「まぶたが重くなる」と言語化されることで、普段意識していないまぶたの重さを意識するようになり、相手が言ったとおりに、実際にまぶたを重く感じるようになってしまう。

これが「まぶたが重くなる」と言われて、眠くなってしまう理由だ。

このように、人間は自分の無意識の行動を言語化されることで、意識が**トランス状態**（通常とは異なった意識状態）になり、**相手の言うことに従いやすくなる**という性質を持っている。

僕はこの原理を、脳機能学者の苫米地英人さんから教えていただいた。

教えていただいた当初は、部下がトイレで用を足しているのを横目に見ながら、「○○はションベンをしている」などと言って、ふざけて使っていたのだが、ふと**「この原理は本作りにも応用できるな」**と考えた。

そして、実際に取り入れてみることにした。

まえがきを読んでいる読者は、本を手に取っているということを意識せずに、本を手に取っているはずだ。

その無意識の行動を言語化することで、読者の意識がトランス状態になり、その後の**「まえがきの主張」**が受け入れられやすくなる。

だから、まえがきを「この本を手に取っていただき、ありがとうございます」で始めているのだ。

この文章のポイントは、御礼ではなく、**読者の無意識の行動を言語化**している点にある。


実際に、このまえがきを取り入れて、僕は数多くのベストセラーを生み出してきた。正確な数は覚えていないが、苫米地さんにこの原理を教えてもらったあとに企画・編集をした本の多くで、このまえがきを採用しているはずだ。

もちろん、この一文が本の売上にどう寄与したかは、数値化できないから、全く分からない。

しかし、僕が作ってきたベストセラーのまえがきの多くで、この一文を取り入れてきたというのも、また事実なのだ。

あなたは『**禁煙セラピー**』（アレン・カー著、阪本章子訳、KKロングセラーズ刊）という本をご存じだろうか？

「読むだけで禁煙ができる本」として話題になり、世界的なベストセラーとなった本だ。

実は、この本に関する面白いエピソードがある。

これは、あるセラピストの方から聞いた話なのだが、セラピストの観点から見ると、『禁煙セラピー』の本当のすごさは、文中の**「ある一文」**にあるという。

その一文があるからこそ、読者は実際にタバコをやめることができるというのだ。

どんな一文なのか？

次のページにその一文を抜粋しよう。

現在タバコを吸っている人は、本書を読み終えるまでタバコをやめないでください。

この一文のどこに、タバコをやめられる秘訣があるのだろうか？

そのセラピストの方いわく、この一文があることによって、本を読み終えた瞬間に、「これでタバコをやめられる」というメッセージが潜在意識にストンと落ちるそうだ。

著者のアレン・カーは、「本を読み終えるまで、タバコをやめないでください」と書いている。

それは裏を返せば、**「本を読み終えたらタバコをやめていい、つまりタバコをやめられる」**ということだ。

だから、本を読み終えた瞬間に、本当にタバコをやめることができるのだそうだ。

もちろん、これは著者に確認を取ったわけではないから、その真意は分からない。分からないが、世界的なベストセラーになったこの本の一文、一文にこだわって、アレン・カーが原稿を書き上げたことは、想像に難くない。

だからこそ、読者は本を読むだけで、実際にタバコをやめることができるのだろう。


物作りの世界では**「神は細部に宿る」**と言われる。

細かい部分に、どれくらいのこだわりを持つことができるか？

そこが、勝負の分かれ目になる。

では、あなたは、どんな点にこだわりを持てばいいのだろうか？

それは、**過去のベストセラーに学ぶのが一番**だと思う。

過去のベストセラーが、どんな点にこだわっているのか？

ただ漠然と読むのではなく、そうした観点で研究しながら読む習慣を身に付けると、
また**「違った視点」**が生まれてくるはずだ。

たとえば、街の行列を見て、素人はただ**「すごいな」**と思うだけだ。

一方、**「なぜ、あんなに行列が出来るんだろう」**と考え、その原因を自分なりにあ

れこれ探るのが編集者であり、編集者の目の付け所だ。

他者のこだわりを**「編集者目線」**で研究しながら、ぜひ、あなたにも自分なりのこだわりを確立してほしい。

以上で、まえがきの説明はおしまいだ。

次の第13講では、**「原稿の全体（コンテンツ全体）の流れをいかに作っていくか」**について、僕の考え方を述べたいと思う。

Column

メタファーが人を動かす

人は直接的な表現には抵抗しがちだ。もちろん、いろいろ理由があるのだろうが、たとえば、セールスにはすぐに反応する。セールスだと思った瞬間に、人は身構える。「だまされないぞ」なのか、「買わされないぞ」なのか分からないが、とにかく抵抗に入る。

その時に有効なのがメタファーだ。メタファーは「比喩《ひゆ》」と訳される。直接的な表現だと抵抗されるが、違う話にすり替えることで相手にメッセージが伝わりやすくなる。

たとえば、車を売る場合、「良い車がありますよ」よりも、「女性にモテまくりますよ」という表現から入った方がいい。最初の抵抗さえなければ、メッセージがより入りやすくなる。

メタファーを学ぶ際には、『てにをは連想表現辞典』（小内一著、三省堂刊）を参考にするといいだろう。文豪たちが使った表現が網羅されているので、時間のある時に眺めているだけでも、メタファーの力が身に付く。

13

2倍のスピードで読ませる技術

いよいよ佳境に差しかかってきたが、この第13講では**「原稿全体の流れ」「コンテンツ全体の流れ」**について解説する。

何らかの商品を企画している人なら**「販売するためのストーリー」**、動画を作っている人なら**「動画の構成」**、ブログを書いている人なら**「文章の流れ」**など、いろいろと参考にしてもらえるはずだ。

本の中身にもよるが、たいていの本は、第1章、第2章といった形で、内容が章ごとに分けられ、まとめられていることが多い。

では、ここで1つ質問だ。

たとえば、**「第1章の役割は何か？」**と聞かれたら、あなたは何と答えるだろうか？

同じく**「第2章の役割は？」**と聞かれたら、どうだろうか？

はじめに断っておくが、この問いに正解はない。

なぜなら、第1章にどのような役割を与えるか、第2章にどのような役割を与えるかは、人それぞれだからだ。

今から書くのは、あくまでも僕個人の考え方だ。

だが、それは同時に、数多くのベストセラーの編集を手がける中で、僕が採用してきた指針でもある。

ぜひ、参考にしていただければ幸いだ。


第1章の役割は何か?

そう聞かれたら、僕は次のように答える。

第1章の役割は、第2章を読ませることである。

同様に「**第2章の役割は?**」と聞かれれば、僕は「**第3章を読ませること**」と答える。

なぜ、このように考えるのかと言えば、それは師匠の中西謡さんに**「いつの間にか読者が本を読み終わっているような工夫をしなさい」**と教え込まれたことが大きい。

いつの間にか読者が読み終わっているような原稿を作るために、いったいどんな工夫をするべきか？

僕は、その活路を**セールスレター**に求めた。

少し余談になるが、僕が所属していた出版社は、基本的に人員が少なかった。

そのため、書店から本を受注するための注文書だけでなく、Amazonの書籍紹介文、新聞広告、看板やＰＯＰ、果ては教材販売やセミナー集客のためのセールスレターなど、ありとあらゆる販促物を編集者が作成しなければならなかった。

どんなキャッチコピーや文章を作成すれば、書店員や読者の方々に興味を持ってもらえるのか？

売上向上のために、そうした点を常に意識していなければならなかったため、セールスレターに関する知識は必要不可欠だった。売る作業は営業部任せ、というわけにはいかず、他社の編集者に比べて、編集者がやらなければならない仕事が格段に多かった。

当時は大変だったが、セールスレターの書き方から学んだ**「読者を記事に惹き付けるための方法論」**は、書籍の文章においても、十分に応用が利くものだと考えている。

話を元に戻そう。なぜ、僕が「第1章の役割は、第2章を読ませることである」と言い切るのか？

それは、136ページで紹介した伝説のマーケターであるジョセフ・シュガーマンの別の著書**『全米No.1のセールス・ライターが教える10倍売る人の文章術』**（金森重樹監訳、PHP研究所刊）の中に、次のような一節があるからだ。

重要な情報なので、**大文字**にして記しておこう。

宣伝文の第一センテンスの唯一の目的は、
読者に第二センテンスを読ませることである。

これは宣伝文のみならず、書籍の原稿作成においても、非常に重要な原則であると僕は考えている。

では、読者に次を読ませるために、どんな工夫をすればいいのか？
ここでは、僕が今までのベストセラーに採用してきて、かつ、この本でも採用している方法をいくつかご紹介しよう。

よくテレビのバラエティ番組などで、ＣＭ直前に**「続きはＣＭのあとで」**とお決まりの台詞《せりふ》が流れるのを思い出してほしい。
この決め台詞を聞いた視聴者は「またお決まりのパターンかよ」と思いつつも、「次は何が起こるんだろう」と興味本位で、ついついＣＭ後も番組を見てしまうことになる。この手法は、現在でもよく使われているが、書籍の文章にも十分に応用できる方法だ。

この本のこれまでを振り返ってみてほしい。僕は各講義の終わりに、必ず**次回の講義の予告**を入れるようにしている。

これは、1つの講義を読み終わった読者に、次の講義にスムーズに移行することを促すためだ。

次をいかに読ませるか？　この点が本当に重要だ。


実は、その他にも、僕は師匠である中西さんから学んだ「次を読ませるための仕掛け」を、この本で採用している。

どんな仕掛けかと言うと、その秘密は、**奇数ページ**にある。

左右のページで言うと、**左側のページ**だ。

「左側のページに何かがあるの？」と思うかもしれないが、奇数ページ、つまり左側のページというのは、次のページに移行するために、ページをめくる作業が必要になる。

つまり、読者にとっては、一手間になるわけだ。ページをめくらず、読むことを途中でやめてしまう可能性もないとは言えない。

そうさせないために、僕は**奇数ページの最後の文章に疑問形**を入れるか、もしくは**次のページに文章がまたがる**ような形にして、**ページをめくってもらえるように工夫**している。

疑問を投げかけられたら、人はその疑問を解消せずにいられないということは、すでに述べたとおりだ。

同様に、文章が途中で切れていると、読者としては気持ち悪い。

その気持ち悪さを解消させるために、思わずページをめくってしまう可能性が高くなるというわけだ。実は、こうした工夫を、この本のほぼ全ての奇数ページ（奇数ページに図版がある場合は偶数ページ）に施してある。

あとで、自分で確認してみてほしい。

こうした僕の工夫を「くだらない」と思うだろうか？

たしかに、小手先のテクニックと言われれば、そうかもしれない。

だが、僕はこうした手法を実践してきた。どうにかして、読者に最後まで本を読んでもらいたいからだ。

そうした積み重ねが、結果的にベストセラーの量産につながったのだと思っている。

編集者や著者は「売れるために良い本を作ろう」とか「良い本を作れば売れる」と考えがちだが、僕はそれがそもそもの間違いだと考えている。

僕が第1講で話したことを覚えているだろうか?

良い本か悪い本かを決めるのは読者だ、という話だ。

いくらこちらが「良い本を作った」と思っていたとしても、その本を読者がどう感じるかは分からない。

感性は人それぞれだ。どこまでいっても、読者の感情をコントロールすることはできないのだから、「良い本作り」に時間と労力をかけるのはムダではないだろうか?

また、世の中には「良い本を作れば売れる」と考える人が多いが、それも大きな間違いだ。基本的に**「本を作る過程」**と**「売る過程」**は全く別のもので、両者は切り離して考えなければならない。

だから、編集者時代、僕は全体の時間配分を**「本作りの時間に7割」「売り方を考える時間に3割」**と決めて、仕事に取り組んできた。

編集者や著者は「良い本作り」に10割近い時間と労力を投入しがちだが、いくら突き詰めたところで、読者の感情まではコントロールできない。

であれば、自分でコントロールできないことは無視して、自分でコントロールできることに時間と労力を割いた方がいい。

そのように考え、原稿作成において、僕は**「次を読ませる工夫」**に時間と労力を割いてきた。

もちろん、「次を読ませる工夫をしたところで、最後まで読んでもらえる保証はないでしょう」と言われてしまえば、たしかにそのとおりだ。

しかし、工夫をすることまでは、こちらでコントロールできる。

そもそも**最後まで読まない本を、読者が「良い本だった」と評価することはない**わけだから、最後まで読ませる工夫をすることが、結果的に、**読者から「良い本」と評価される近道**になるのではないかと思っている。

こうした考え方は、本のみならず、あらゆるコンテンツ制作に応用できるはずだ。

さて、コンテンツ制作における「基本的な考え方」については、以上だ。

最後の第14講、第15講では**「情報発信者（本であれば著者）としての心がまえ」**について、いくつか話をさせていただければと思う。

Column

インプットは倍速で

本作りにおいて、僕は「どんどん先を読ませる工夫」を重ねてきたわけだが、これは読者にとっては、「インプットの高速化」につながる。

現代社会は、膨大な量の情報が氾濫《はんらん》しているから、なるべく早く情報をインプットするのに越したことはない。依然として、速読が流行っている理由もそこにあるのだろう。

僕は仕事柄、本を読むのは速いのだが、これは普段から行動を素早くしていることも影響している。具体的には、食事も早いし、歩くのも早い。

僕は「凡人の仕事はクオリティよりもスピードが重要だ」と思っている。凡人にクオリティを求めるのは難しいが、スピードは鍛えれば、どうにかなる。社会においては、「クオリティが高いけれど遅い人」よりも、「多少クオリティが落ちても早い人」の方がチャンスをつかみやすい。

スピードは、凡人の生存戦略とも言える。動画を見るなら倍速、音声も倍速。普段からスピードを意識すると、全てが早くなっていく。

14

あの「二人目」になるために

昨今の出版不況で、新人の著者はなかなかデビューのチャンスをもらいにくい状況が続いている。

今後、この状況が改善されることは、おそらくないだろう。

インフルエンサーと呼ばれる影響力のある人ならまだしも、そうでない新人がデビューをするためには、数少ないチャンスをつかむしかない。

だが、ここではっきりと言っておきたいのは、何もない新人だからと言って、決して臆《おく》することはないということだ。

出版社時代、僕は各種のデータをくまなくチェックしていたが、**新人の方が売れる**というのが本当のところだ。

特にビジネス書の場合、年間ランキングのベスト10に無名の新人が滑り込んでくることも珍しくない。

間違いなく、新人著者の方が売れる。だが、**出版社は、なかなか新人で勝負をしづらい。**

いったい、なぜだろうか？

その理由は、一言で言うと、**リスクが高い**からだ。

新人はヒットすれば、爆発力が高いものの、売れるか売れないか分からない。

だから、新人よりも、ある程度の売上が見通せる既存の著者に、執筆依頼が集中することになる。


人生はどこにポジションを取るかが肝心だ。

多くの編集者が売れている著者たちに群がるなら、僕自身がそこにポジションを取る必要はない。

そのように考え、僕は新人、もしくはすでに本を出してはいるものの、結果を出しきれていない著者を中心に企画を立ててきた。


もちろん、そうした著者を売り出すのは容易ではない。

しかし、ともに戦い、ベストセラーを作ることができれば、その著者にとって、僕はオンリーワンの存在になれる。

一緒に戦える著者との出会いに恵まれたおかげで、僕自身は最高の編集者人生を送ることができた。

そして、ほとんどの著者と、いまだに一緒に仕事をしている。10年以上の付き合いになる著者が本当にたくさんいる。

実績なんかよりも、僕にとっては、本当にありがたい財産だ。


僕の友人にコンセプターをやっている外所一石さんという人がいる。

彼が言っていたのは、**「相手の最高になれないし、相手の最後にもなれない。なれるかもしれないが、これらは変動する。だから、相手の初めてになる」**ということだ。

たとえば、相手がサウナに行ったことがなければ、連れて行く。

そうやって**相手の「初めて」を奪うことの重要性**を語っていたが、「なるほど」と思った。

僕も相手にとっての「初めて」の編集者になれたから、良い関係ができているのだと思う。


好調な時には、いろいろな人間が周囲に群がってくるものだが、落ち目になった途端に、潮が引くように人がいなくなるという話をよく聞く。
人間は無名の時、もしくは苦しい時に助けてくれた人にこそ、恩義を感じるものだ。
新人だからこそ売れるし、また売る価値がある。
僕は、そのように思っている。

そもそも、なぜ、新人の方が売れるのだろうか?
この点について、私見を述べてみたい。
新人の方が売れる理由。
それは、新人の方が、**エネルギーが高い**からだ。

オカルトのように思われてしまうかもしれないが、出版社時代、僕が部下に対して、よく言っていたことがある。
それは**「本には、著者と編集者の目に見えないエネルギーが宿る」**ということだ。

本に宿るエネルギーの総量が、本の売上を左右する。

僕は本気でそう考えていた。

僕が装丁や原稿の細かい点にまでこだわったり、印刷所の工程を止めてまで修正を加えたりしていたのは、実は、本に宿るエネルギーを少しでも高めるためという側面もあった。

このエネルギーは**「売れるための執念」**と言い換えてもいいだろう。

本の隅々までこだわるエネルギーや直前まで粘る執念は、目に見えない力となって、本に宿るものだ。

そうした目に見えないエネルギーが読者へと伝わり、ベストセラーにつながっていくと僕は信じていた。


僕が尊敬する出版人に、サンマーク出版社長の植木宣隆さんがいる。

植木さんは累計400万部を突破した『**脳内革命**』（春山茂雄著、サンマーク出版刊）をはじめとして、数々のヒットを飛ばした超敏腕編集者として、出版業界では有名な方だ。
その植木さんが率いるサンマーク出版は、**「手のひらに一冊のエネルギー」**を会社のキャッチコピーに掲げているが、このコピーが示すとおり、**「本というのは、まさにエネルギーの塊である」**という考え方が、僕にはしっくり来る。

今、僕が改めて感じているのは、人間はなかなか初心には戻れないということだ。はじめは気合いが入っていた著者でも、2冊目、3冊目と出していくにつれて慣れが生じ、どうしても熱量が落ちてしまいがちだ。

これに対して、デビュー作ともなれば、誰もが気合いが入る。当然、エネルギーも高くなる。

新人が売れる理由は、まさにここにあるのではないかと思っている。

出版社に勤めていた当時、人から**「ベストセラーの秘訣は何ですか」**と聞かれると、僕は決まって**「気合いですね」**と答えていた。

そう答えると、相手は「長倉さん、ご冗談を」みたいな顔をするのだが、僕は決して冗談を言っていたわけではない。

本気でそう思っていたから、そう答えたまでなのだ。


繰り返しになるが、新人の方が売れる。それは間違いない。

だが、ここで1つ忠告をしておきたい。

もしもあなたが、本を出しさえすれば、あとは出版社が売ってくれると思っているなら、それは大きな勘違いだ。

デビュー作を売りたければ、**自分でがんばって売る**しかない。

新人の場合、味方は担当の編集者しかいないと思った方がいい。

出版社が販促に力を入れたり、広告費にお金をかけたりするのは、基本的に売れる本だけだ。

売れるか売れないか分からない新人著者の売り出しに、出版社がはじめから力を注いでくれることは、ほぼないと言っていい。

出版業界は1日に約200冊の新刊が市場にくり出される世界だ。

業界では、発売から2週間ぐらいまでの期間を**「初動」**と呼んでいるが、その期間で売れない本は、あっという間に書店から弾かれてしまう。

時間が経つにつれて、返品も増えてくるから、この期間に増刷がかからないようだと、ベストセラーへの道のりはかなり厳しくなると言える。

第1講で、僕が部下に対して、「本が売れないなら自分で買え、この野郎！」と言った、パワーハラスメントまがいのエピソードを紹介した。

これは半分冗談で言っていたが、実は、**半分は本気**だった。

もちろん、本の買い取りを強要する気はないが、「売れないなら、全部自分で買い取る」ぐらいの気合いがないと、この厳しい世界で競争を勝ち抜くのは、なかなか難しい。

何せ1日に約200冊の新刊本が生まれる世界なのだから、**あなたの本の代わりなど、いくらでもある**のだ。

そうした点で言うと、新人著者として、僕が最も印象に残っているのは井上裕之さんだ。

歯科医でもある井上さんとは、もう10年以上のお付き合いになるが、井上さんのデビュー時の動きはすさまじかった。

「やるからには、絶対にベストセラーにしましょう」と言って、必死になって、全国の有力者に頭を下げて回ってくれた。井上さんは北海道在住なのだが、日帰りで九州まで行ったりもしていた。

その結果、井上さんのデビュー作『**自分で奇跡を起こす方法**』は見事ベストセラーになった。

僕が何よりも嬉しいのは、井上さんが著者として、現在も活躍し続けていることだ。井上さんの著作は、すでに80を超えている。10年以上、著者として活躍をし続けることは、容易ではない。

10年以上、コンスタントに著作を出し続けているということは、出版社からひっきりなしにオファーが届いているということだ。

僕にとっては、それが何よりも嬉しいのだが、井上さんの現在の活躍の原点は、**デビューの時のがんばり**にある。

僕は、そのように感じている。

逆に、熱量が一番高くなるはずのデビューの時にがんばれない著者というのは、その後の見込みは薄いのではないかと思っている。


さて、いかがだろうか?

第14講はこれでおしまいだ。

次の第15講で最後になる。

次の講義では、情報発信者(本であれば著者)として、高みに向けて、これから歩き出すあなたに向けて、僕からの**最後のメッセージ**を送りたいと思う。

Column

人生はコラボレーション

僕は、人生で重要なのは「何をやるか」ではなく「誰とやるか」だと思っている。だから、編集者時代は「企画ありき」ではなく「著者ありき」で企画を考えていた。最近の売れっ子編集者の話を聞くと、意外と「企画ありき」の人が多いように思える。「こんな企画で書ける著者はいないかな」と探すわけだ。

僕の場合は「この人と仕事がしたい」と思い、話をしている中で企画を見つけてきた。つまり、著者ありきだった。

これは、どっちが良いか悪いかという問題ではない。各人のスタイルの問題だが、僕自身は「誰と」を重視して、仕事をしてきた。他の誰かと組むことで、化学反応のように、そこからは勝手にいろいろなものが生まれてくる。

人間、1人でやれることは、たかが知れている。

特に凡人は誰かと組んだ方がいい。コラボレーション前提で生きることをオススメしたい。

15

「想い」が100%実現する世界へ

ここまで、僕の編集者時代の体験談をベースにいろいろと書いてきたが、編集者として培ってきたスキルや経験が、今の時代には本当に合っていると思っている。最近になって、僕のような書籍編集者が自分の本を出版したり、テレビに出たりして活躍している。数年前だったら考えられなかったことだ。

それぐらい**編集者のスキルが世の中に求められている**のだろう。

僕ら編集者は「必要な人に、必要なコンテンツを届ける」ということを仕事にしてきたわけだが、実は、今ではそれがコンテンツ制作だけに留まらなくなってきている。たとえば、**「クラウドファンディング」**だ。

「クラウドファンディング」（crowdfunding）とは、群衆（crowd）と資金調達（funding）を組み合わせた造語だ。

これは、自分の活動、夢、商品などの情報を発信することで、想いに共感してくれる人、活動を応援したいと思ってくれる人から資金を募る仕組みになる。

この仕組みを使えば、製品を生産することもできるし、お店を作ることもできる。今までのように銀行からお金を借りたり、必死に働き貯金をしたりする必要もない。「自分の活動や夢や商品を発信する」ことで、多くの共感を受けることができれば、そのまま実現させることができる世界になった。

つまり、**「自分の活動や夢や商品を発信する」ことができれば、何でも実現できる世界**になったのだ。

だからこそ、この本で書いてきたことは、どんなことにも使えると思っている。

言い換えるなら、「情報を発信し、伝えることができれば、１００％実現する世界」に僕たちは生きていると言えるだろう。

にもかかわらず、あなたは「いつかお店を持ちたい」「いつかこんな事業を立ち上げたい」「いつか自分の本を出したい」と思いながら、企画書を作ったり、人に伝えたりする活動を**先延ばし**にしていないだろうか？

それだと、いつまで経っても、チャンスはつかめない。

僕が信じられないのは、本を出したいと言う人と、しばしばこんなやり取りがあることだ。


「長倉さん、本を書いてみたいのですが、相談に乗っていただけないでしょうか？」

「いいですよ。原稿を見せていただけますか？」

「いや、まだ書いていないんですよ……」


申し訳ないが、これだと話にならない。

もし「10冊分書いた」と言われれば、間違いなく相談に乗るだろう。

本気で本を出したいのであれば、原稿を常にカバンにしのばせておくぐらいの気構えは欲しいところだ。


僕がずっと一緒に仕事をしてきた著者に、石井裕之さんがいる。

おこがましいと言われてしまうかもしれないが、僕にとっては、盟友とも言える存在だ。

石井さんとは数々のベストセラーを一緒に作らせていただいたが、石井さんのデビューの経緯について、少し話をさせていただこうと思う。

石井さんは**『コミュニケーションのための催眠誘導』**（光文社刊）という本で著者デビューを果たしたが、石井さんはデビューが決まる前から、すでにこの本の原稿を書き溜めていたそうだ。

今までに自分がやってきた仕事の内容を整理するために原稿を書き、それを出版社の人にも見せていたと言う。

ただ、その時点で出版する当てがあったわけではないし、デビューも決まっていなかった。

ところが、出版社の方で急遽《きゅうきょ》、予定していた本の出版ができなくなり、ラインナップに空きが出てしまったらしい。

頭を抱えた編集者が、その時に思い出したのが、石井さんの原稿だった。

出版社の方で「石井さんの本でいこう」と決まり、大急ぎで原稿を仕上げて、処女作の出版がバタバタと決まったそうだ。

ちなみに、僕と石井さんの出会いは、この本がきっかけだ。

この本を読んで、石井さんに興味を持った僕が、石井さんが講師をつとめるセミナーに参加したのが最初の出会いだ。

もし石井さんが、デビュー前に原稿を書き溜めていなかったら……。

もし石井さんが、この本を出していなかったとしたら……。

ひょっとしたら、僕らの出会いはなかったかもしれない。

そう考えると、**人との出会いは本当に紙一重**だなと思う。

その後、石井さんはベストセラーを連発する著者になり、東京国際フォーラムで5000人規模のセミナーを行うまでになった。これはビジネス書の著者としては、本当に異例のことだった。

今では、それも良い思い出だ。


何が言いたいのかというと、**チャンスは、自分の都合の良いタイミングでは訪れないということだ。**

チャンスの女神は前髪しかないと言われている。

女神が来た瞬間に、前髪をつかんでグルグルと引っ掻き回すぐらいの勢いがなければ、チャンスは到底つかめない。


チャンスをつかむために、我々は何ができるか?

それは**準備**しかない。

僕らにできることは、いつチャンスが来てもいいよう、企画書や原稿を準備しておくことだけだ。

僕は全く出版の予定がないものも含めて、毎朝、早起きをして原稿を書いている。どこの出版社も出してくれなかったら、自分で編集して、印刷所で印刷して、本を作ろうとも思っている。その資金が必要ならクラウドファンディングで集めてもいいかもしれない。

実際に、拙著のプロモーションも兼ねて、クラウドファンディングで合計1100万円以上集めたこともある。

世の中には、「忙しい」とか「時間がない」と言い訳をして、やりたいこと、やらなければならないことを先延ばしにする人たちがいる。

でも、そうした人たちに言いたい。「そんなことをしている間に、あっと言う間に人生は終わってしまう」と。

だからこそ、僕は今日も早起きをして、原稿を書く。

あなたも、明日の朝から早起きをして、企画書の作成や原稿の執筆などを始めてみてはいかがだろうか？

Column

続けたことしか成果にならない

実は、僕は「早起き」をずっとバカにしていた。「早起きをすれば、人生が変わる」と言う人も多いが、あまり真剣に考えてこなかった。

いろいろな事情が重なり、本の原稿を書く時間を確保する必要性に迫られ、僕自身も早起きを始めたのだが、今では、それが習慣になった。早起きを続けた結果、「続けることでしか人生が変わらない」ことを実感している。思わぬ副作用で、お酒をやめることもできた。

よくよく考えてみると、「続けたことしか成果にならない」のが人生だ。だからこそ、人生を変えたければ、習慣を変えるしかない。習慣は簡単には変えられないが、最も簡単なのは「早起き」ではないかと思っている。

「早起きをしても、やることがない」と言う人がいるかもしれないが、その場合は、読書でもするといいだろう。「早起きをして、その時間に新たな習慣を導入する」ことで、人生が少しずつ動き出すと僕は感じている。

早起きをして、新たな習慣を始めよう。

あとがき

ここまで読んでいただき、ありがとうございました。

あらゆる情報が氾濫する中、本というメディアを選んでもらったことが純粋に嬉しい。今の日本では年間に1冊読むか読まないかの人が大半という調査結果もある。だからこそ、今、読書をしまくることが人生を好転させる一番の近道だと確信している。

実は僕自身も出版社に入る前までは読書が嫌いだった。だから、「どうやったらヒットを出せるか」にこだわれたのかもしれない。

そんな僕でも今は読書が好きになった。いや、本というモノが好きなのかもしれない。きっと、僕が1冊の本が出来上がってくるまでの苦労を知っているからだろう。

1冊の本が世の中に出るまでに、本当に多くの人の協力が必要で、そこには著者だけでなく、関係する人の想いが込められている。

僕は書店をめぐるのが好きで、海外に行っても立ち寄るようにしてきた。そこには、いろいろな想いで作られた本がたくさん並んでいるからだ。そこにいるだけで、多くの人の想いを感じることができて、なんか泣けてくるくらいだ。

もし僕が出版業界に入っていなかったら、きっとこんな想いも分からなかっただろう。だからきっかけを作っていただいたフォレスト出版の太田宏社長、田中芳文専務に感謝を述べたい。

また、僕の師匠である中西謡さんには編集の全てを教わり、そのおかげで今があります。ありがとうございます。元部下であり、この本の企画・編集をしてくれた横浜タイガ出版の大平淳さんとも久々に一緒に仕事ができて嬉しかったし、本の営業と流通を担当していただくサンクチュアリ出版の市川聡さんたちにも感謝を述べたいと思います。

ぜひ、この本をきっかけに、あなたにも本好きになってもらいたいと思って書きました。僕自身は毎日のようにユーチューブ、ツイッター、noteなどで情報発信をしているので、興味があれば「長倉顕太」で検索してみてください。

いつか直接会えることを楽しみにしています。

2020年10月　長倉顕太

著者略歴

長倉顕太（ながくら・けんた）

作家・プロデューサー・編集者

1973年、東京生まれ。学習院大学卒業後、職を転々としたあと28歳の時に出版社に転職し、編集者としてベストセラーを連発。今までに企画・編集した本の累計は1100万部を超える。

独立後は８年間にわたりホノルル、サンフランシスコに拠点を移して活動。現在はコンテンツのプロデュースやこれらを活用したマーケティング、２拠点生活の経験を活かしたビジネスのオンライン化／テレワーク化のコンサルティング、海外での子育ての経験（特にギフテッド教育に詳しい）から教育事業などに携わっている。

主な著書に『超一流の二流をめざせ！』（サンマーク出版刊）、『親は100％間違っている』（光文社刊）、『移動力』『頭が良くなり、結果も出る！ モテる読書術』『GIG WORK』（以上、すばる舎刊）などがある。

SNS、Youtubeなどで情報を配信中。

〈公式サイト〉
http://kentanagakura.com/
〈公式note〉
https://note.com/kentanagakura
〈公式Twitter〉
https://twitter.com/forest_nagakura

常識の1ミリ先を考える。 あなたの着眼点を変える15講

2020年 11月 6日　初版発行
2020年 12月 21日　２刷発行

著　　者　長倉顕太

カバーデザイン　ハッチとナッチ
本文デザイン・DTP　白石知美（株式会社システムタンク）
編　　集　大平淳

発 行 者　大平淳
発 行 所　株式会社横浜タイガ出版
〒221-0074　横浜市神奈川区白幡西町37-5
TEL　045-401-2822
URL　https://ytaiga.co.jp
発　　売　サンクチュアリ出版
〒113-0023　東京都文京区向丘2-14-9
TEL　03-5834-2507
FAX　03-5834-2508
印刷・製本　中央精版印刷株式会社

ISBN 978-4-8014-9002-4